课本来不及告诉你的古代史

# 到清朝

## 打卡生活

徐德亮
主编

程晓南　著

中国纺织出版社有限公司

# 内 容 提 要

《到清朝打卡生活》是"课本来不及告诉你的古代史"丛书之一，以轻松活泼的叙述方式，描述了清朝时期的民间社会生活百态。全书生动地展现清朝人的日常饮食、防暑保暖、交通、住房、职业、旅游、文体活动，等等，像是一幅文字版的"清明上河图"。清朝民间的生活到底是什么样的，有哪些特殊的风俗习惯，现代人对清朝人生活的好奇，将在书中一一得到解答。同时，书中配有多幅精美的插图，生动再现清朝人的日常生活面貌。

"课本来不及告诉你的古代史"丛书，囊括了中国历史上各个时期的百姓日常生活史，由历史学领域的资深写作者执笔，以正史为蓝底，以幽默生趣、易于阅读的讲史方式，还原各个朝代的不同社会风貌，生动呈现中国古代百姓生活的变迁和传承。

## 图书在版编目（CIP）数据

到清朝打卡生活 / 程晓南著. --北京：中国纺织出版社有限公司，2021.7
（课本来不及告诉你的古代史 / 徐德亮主编）
ISBN 978-7-5180-8586-6

Ⅰ.①到… Ⅱ.①程… Ⅲ.①中国历史 – 清代-通俗读物 Ⅳ.①K249.09

中国版本图书馆CIP数据核字（2021）第099178号

---

策划编辑：李满意 胡 明 责任编辑：张 强
责任校对：王蕙莹 责任印制：王艳丽

---

中国纺织出版社有限公司出版发行
地址：北京市朝阳区百子湾东里A407号楼 邮政编码：100124
销售电话：010 – 67004422 传真：010 – 87155801
http://www.c-textilep.com
中国纺织出版社天猫旗舰店
官方微博http://weibo.com/2119887771
北京华联印刷有限公司印刷 各地新华书店经销
2021年7月第1版第1次印刷
开本：880mm×1230mm 1 / 32 印张：9.875
字数：156千字 定价：68.00元

---

凡购本书，如有缺页、倒页、脱页，由本社图书营销中心调换

# 序　言

## 掌故罗胸是国恩，小胥脱腕万言存

所有的历史，终归是当代的历史，无论是多么光怪陆离的历史画卷，多么波浪壮阔的历史瞬间，多么雄壮威武的历史人物，当时间的卷轴铺展，所遗留下的不过是史官笔吏书写下的一行行墨迹，所以晚清诗人龚自珍才有"小胥脱腕万言存"之谈。

所幸者，清朝是距离我们最近的一个封建王朝，很多清朝的遗迹还没有被时间的风尘掩盖，很多清朝的故事也没有在漫长的历史中失去它本来的面目，无论是正史还是趣闻，我们都能够轻易获得，不必局限于"小胥"的"正史"。

然而也因为距离太近，所以对于清朝的历史，当代人也少了一些尊重和敬畏。只要看一看我们的影视剧和小说，有的以野史、杜撰作根据，以个人无端揣测当事实，甚至于歪曲历史、发明历史，这一番操作下来，反倒让人不知真实的历史是什么样子了。因此，我们才需要走进历史的细节，还原真实的历史。

不同于研究性的历史读物，也不同于完全杜撰的演绎，本书选择从清朝人的生活细节入手，还原清朝二百多年里中国人的日常生活场景，为读者展示一个"上宫廷、下市井"的真实清朝。

翻看本书，你能看到喜欢戴帽子的清朝男人，以及戴"大拉翘"、穿"花盆底"的清朝女子，也能看到身着补子的百官，以及粗衣马褂的百姓；在这里，你能看到排场十足的满汉全席，以及精致美味的甜品小吃，也能看到"海底捞"与"佛跳墙"的交相碰撞；在这里，你能看到大清"北漂一族"的心酸，以及"租房一族"的困难，也能看到大臣巨宦的豪宅，以及满清王爷的深院；在这里，你能看到舟船轿辇和独轮车，也能看到火车和小汽车……

在这里，你还能看到"范进中举"，以及手谈一局便有机会

入仕途的稀奇事，也能看到必须告御状才能谴责阿哥不用功的老师傅，以及一系列"奇葩"的科举考题。在这里，你能看到清朝宫廷中皇帝、妃子、大臣的日常百态，以及官场的一系列"潜规则"。在这里，你能看到清朝人怎么度过大大小小的节日，也能看到曲艺、评书，以及剪纸、年画。在这里，你能看到清朝人人际关系的亲疏远近，也能看到清朝人在礼节方面的弃简趋奢。

清朝近三百年的历史，上承封建帝制，下接共和浪潮，见证中国历史的巨变，迈向中国历史的未来。一百年起，一百年兴，一百年衰，都在书中一段段文字中得以体现。下面，就让我们走进时光隧道，去探索回味一个王朝的兴衰吧！

程晓南

2021年6月

清　徐扬　《日月合璧五星联珠图》（局部）

# 目 录

## 第三章　住

## 第四章　行

# 目录

## 第八章　乐

# 第一章 衣

# 《延禧攻略》，格格真的能穿汉装吗？

在电视剧《延禧攻略》里，当看到未入宫的魏璎珞穿着一身汉服出场时，不知道读者是否会产生这样的疑问，这个满族女子真的可以穿着汉装吗？

满族女性真的能穿汉装吗？回答这个问题之前，我们要对清代宫廷女性的服饰制度有个大致的了解。清代贵族女性的服装远没有男性那么复杂，大致上只有三类，即礼服、吉服和便服。

礼服即朝服，这里需要注意的是，一般来讲，礼服分为朝服和祭服两种，但在清代只有皇帝才可以穿祭服，所以清代女性的朝服即通常意义上的礼服。

朝服和吉服都是在出席重大活动时的着装，除了后宫嫔妃外，皇子福晋、亲王福晋、世子福晋、固伦公主、和硕公主、郡主、县主、贝勒夫人、贝子夫人、镇国公夫人、辅国公夫人、郡君、县君、乡君、民公夫人也可以穿着。

也就是说，璎珞格格平时的礼服肯定是满服，当然，这里要注

意的是，"格格"这一称呼并不一定专指皇族的女儿，康熙之前也可以用来称呼皇帝的嫔妃。清代早期的后宫制度比较混乱，直到康熙帝时才逐步规范起来。按照清代的后妃制度，可以将后妃分为八个等级，皇后一名，居中宫，皇贵妃一名，贵妃两名，妃四名，嫔六名，贵人、常在、答应等则无定数，分居东西十二宫。嫔以下等级的后妃是没有朝服和吉服的，只有便服。

在清代宫廷中，女性服饰种类虽然没有男性多，但服饰上的配件种类却多于男性。其朝服包括朝冠、朝褂、端罩、朝裙、朝珠、朝靴、朝带、领约、金约、彩帨、耳饰等组成部分。在颜色选择上，根据身份地位不同，有明黄、金黄、石青等色。

清代女性的朝冠极为华丽，佩戴的季节不同，材质也不一样，冬用薰貂，夏用青绒。其上多装饰有珍珠、金凤、宝石、珊瑚等饰物，其中皇后、太皇太后、皇太后朝冠上的珍珠竟多达数百颗，其奢华程度可见一斑。

清代宫廷女性的着装中，最特殊的应属鞋子。八旗女子并不缠足，自然也不会穿弓鞋。她们受女真人削木为履风俗的影响，穿木底鞋，称为"旗鞋"。旗鞋鞋底较高，从一寸到五寸不等，形状有花盆状或马蹄状，分别称为"花盆底"或"马蹄底"。在目前流传的清宫照片中，就有许多慈禧太后脚着旗鞋的照片。

由于旗鞋的鞋底很高，所以穿上之后，行动起来并不方便，但可以使女性身材显得更加修长，走起路来摇摇晃晃，颇具美感。在某些方面，与汉人女子缠足有异曲同工之效，但旗人女性却无须承受缠足的痛苦，相对算是进步，虽然这"进步"可能只是"五十步笑百步"。

至于清代宫廷女性的便服，并无明确规定。满人入主中原之后，女性虽无须再骑马打猎，但在服装上大致还保留了其狩猎传统的风格，如马蹄袖、马褂、坎肩等。但发展到清朝中后期时，游牧民族的风格已大大减弱，转而朝汉服的方向发展。以马蹄袖为例，初期袖口只有18厘米左右，放下后恰好盖住手背，易于行礼、保温和护手。到了后来竟扩大到50厘米，已接近汉袍的宽袍博袖。

为此，道光帝曾连下两道敕谕，十八年谕旨："近来旗人妇女，往往衣袖宽大……总由竞尚奢靡所致。至仿效汉人缠足，尤属违例……着八旗满洲蒙古汉军都统副都统等随时详查……有违定制者……决不宽贷。"道光帝这个人还是比较勤于政务的，他继位后的一项重要举措就是清查陋规，那么整顿旗人服制也就顺理成章了。按理说皇帝既然已经下旨了，那么按要求改就是了，但事情的进展却没有这么顺利。

大概是道光帝的这道谕旨没起到什么明显的作用，第二年他又下谕旨曰："明年挑选之时，仍有不遵者，一经查出，除家长照例治罪外，定将该旗都统章京等一并严惩，决不宽贷。"这道谕旨的措辞更加严厉，惩罚也更加严重，除违制者本人及其家长外，连所属之旗的都统章京也要一并治罪，看来道光帝是真动怒了。这也难怪，把皇帝的话当耳边风，那还了得？皇帝因同一件事，竟连续两年下谕旨警告，也算是极为重视了。但出人意料的是，即便如此，也没能产生什么显著的效果，因为后来的嘉庆皇帝也曾下旨批评过此事。这个结果虽出乎意料，却在情理之中，因为风俗这种东西，一旦形成就很难更改。

《延禧攻略》的故事背景设定在清乾隆年间，乾隆帝本人虽然

清　佚名　满女寿像

对汉服颇感兴趣，但却不允许满洲贵族崇尚此风，他曾训谕："夫万物本乎天，人本乎祖，推原其义，实天远而祖近，设使轻言改服，即已先忘祖宗，将何以上祀天地？"

乾隆帝的这道训谕颇有些"只许州官放火，不许百姓点灯"的意味，他甚至将服饰与江山社稷的安危存亡联系在一起。可见，此时清朝宫廷的服饰还是严格按照《大清会典》中的规定执行的，所以魏璎珞是不可以穿汉装的。

# 常服与便服，差了个太平洋

清朝人的服饰繁复多样，按使用场景的不同可分为朝服、吉服、常服、行服、雨服、戎服、便服等多个种类。其中以常服和便服最易混淆。便服乃非正式场合或休闲时的着装，形式多种多样，并无严格要求。

与便服不同的是，常服仍是一种正式服装，只不过所使用的场合没有朝服和吉服那么隆重，多为日常办公时穿着，有固定形式，根据穿戴的场合不同，决定是否佩戴朝珠。而身着便服时是无须佩戴朝珠的。

实际上，满人早期的日常服饰远没有后来的繁杂，甚至可以说是相当单一的，根本就没有常服与便服之分。满人在东北地区从事渔猎生活，织造业本不发达，纺织品也十分匮乏。其服饰来源无非三种：

一、来自明朝的赏赐，数量极少，聊胜于无。

二、来自和明朝的交易，这是最主要的来源。众所周知，东北有三宝：人参、貂皮、鹿茸。满洲人以本地物产与明朝人进行商品交换，大致可以满足日常对纺织品的需求。

三、战争掠夺，须实力强大方可实行，风险、成本亦大，并非主要途径。

但这三种来源都有一个共同的缺点——要取之于人。

早在后金时期，清太祖努尔哈赤就认识到这种弊端，尝试自给自足。据《满文老档》记载："天命八年（1623）二月二十一日，派七十三人织蟒缎补子。"努尔哈赤的这种尝试获得了成功，他对织出的蟒缎、绸缎、补子十分满意，曾夸赞道："于不产之地织此蟒缎、绸缎、补子，乃至宝也。"

对于以渔猎为主要生活与生产方式的后金来说，掌握纺织技术还是有一定难度的。在这种情况下，后金可以自己产出纺织水平比较高的、带有刺绣图案的纺织品，无疑是后金纺织技术的一大进步。努尔哈赤在接下来实行了一系列鼓励纺织业的政策，如从事纺织业的人可以免除官差兵役，对纺织业者按劳给予一定的奖赏等。

可以看出，此时对后金人来说，不只织造出来的纺织品是"至宝"，甚至掌握纺织技术的人"亦至宝也"，可以享受特殊待遇。

等到清军入主中原之后，经济及物质条件有了极大的改善，在日常服饰方面自然也就有了新的追求。此时的满洲贵族对于美衣华服开始持提倡甚至鼓励的态度，清太宗皇太极甚至曾抱怨后宫的佳丽们衣着简陋："诸福晋等，美衣不服，存贮于柜，欲死后携之去耶？……趁年少修饰，及时服用，则为善矣，年少时不修饰，年迈时勿追悔，生前不服用，死后勿叹惜。"

所谓"饱暖思淫欲"，这句话虽然不适合用在这里，但"淫"字在古时也有"过分"的意思。下至平民百姓，上至皇帝贵族，在条件改善了之后，自然就会产生一些"过分"的需求。何况对当时的清太宗来讲，这要求其实也还合乎情理。清太宗的这段话说得很

清　佚名　孝贞显皇后常服像

直白："有好看的衣服活着的时候不穿，难道留着火化的时候再穿吗？放到火里烧成灰有何益处？年轻的时候不修饰，年老的时候一定后悔。"他的这段劝说，也算苦口婆心了！文中所谓"美衣"，指的就是当时后宫妃嫔所着的便服。

江南的纺织业在明朝时期已有了较大的发展，到了清朝更是达到顶峰。清人在服饰方面越加追求舒适与奢华，汉服的宽袍大袖无疑更符合这种需求，社会上甚至已经出现了僭越的情况。

这种情况自然不为清朝统治者所喜，对此，在康熙年间，清圣祖曾谕旨："凡服饰等项，久经禁饬，近见习俗奢靡服用僭滥者甚多……以致不遵定例，嗣后必须着实奉行，时加申饬……恪循法制，以副朕敦本务实崇尚节俭至意。"这道谕旨有两层意思，一是提倡节俭；但更重要的还是另外一层意思，即恪守法制。可惜，康熙帝晚年政务松弛，法令不行，所以这道谕旨恐怕收效甚微。

雍正皇帝继位后，也曾下旨批评过这类现象："满洲风俗，原以淳朴俭约为尚，近渐染汉人习俗，互相仿效，以致诸凡用度皆涉侈靡，不识搏节之道。"可见康熙年间对此事的整顿并没起到应有的效果。雍正帝一改康熙晚年的宽厚作风，严厉明察，勤于庶务，但即便如此，也没能刹住这股社会风气。

乾隆皇帝在继位后也曾强调："衣服、语言，悉尊旧制……朕发此言，实为子孙万世之计也……恐日后子孙忘旧制、废骑射，以效汉俗，故常切此虑耳。"这三位皇帝对此事的态度一脉相承，不过乾隆帝说得更加具体、更加直白。

这里大致可以看出三位皇帝为政的差别，康熙、雍正两位皇帝在颁布谕旨的时候还提倡节俭，而乾隆皇帝担心的是满人一味追求舒适与奢靡，而丧失战斗能力，节俭在此时已变得没那么重要，这与乾隆皇帝的奢靡作风不无关系。

所以乾隆帝注定无法解决这个问题，他本人就好大喜功，六下江南，花费甚巨。古人云："政者，正也。子帅以正，孰敢不正？"乾隆皇帝其身不正，又怎限制得了别人？

到清中叶以后，八旗贵族日益腐败，奢靡成风，早已将满人的骑射传统抛诸脑后，甚至连以军事训练为目的的"木兰秋狝"活动也几乎废止。满人窄袖束身的服饰已不适应闲适的宫廷生活，取而代之的是宽襟博袖的便服，带有明显的汉服特征。

嘉庆帝时，大臣官员之女依旧着衣袖宽大的服饰，与汉人妇女衣着极为相似，嘉庆帝对此大为不满，曾痛斥："我朝列圣垂训，命后嗣无改衣冠，以清语骑射为重……近日旗人耳濡目渐，已不免稍染汉人习气……此风渐不可长。"嘉庆帝本人崇尚节俭，刚刚继位便铲除了大贪官和珅，大力整饬内政，严惩皇族的不法行为。同时整顿旗务，打击清朝贵族的奢靡之风。可惜当时清朝积重难返，嘉庆帝又过于谨慎，其改革注定无疾而终。

在道光皇帝之前，宫廷服饰尚能遵循《大清会典》中的旧制，其后便再也无法维持原来的样式了。连吉服与常服尚且如此，更不要提休闲的便服了。

究其根本，清朝从乾隆皇帝开始，便闭关锁国，苟且偷安。满洲贵族腐化堕落，朝政日益腐败，乃至出了和珅这样的大贪官！有了这样的土壤，才滋生出这样的社会风气。所谓服饰，不过是这种经济、政治、心态之下的一个表象而已。清朝统治者舍其本而逐其末，自然事倍功半！

# 朝服的

## 冠、袍、褂与配饰

清朝统治者在刚入关的时候，就颁布了"剃发易服"的政令，在顺治九年（1652），钦定《服色肩舆条例》颁行，从此废除了明朝的冠冕、礼服以及汉族的一切服饰。但清朝的冠服制度，直到乾隆年间才基本确定下来。

然而，略带讽刺的是，虽然经过如此长时间的酝酿及改革，清朝服饰在很多方面还是无法摆脱明朝服饰的一些特点，比如百官补服上的图案等。

清朝的朝服一般用于比较正式的场合，比如出席重大的典礼或祭祀活动等，算在礼服一类。皇帝的朝服由披领和上衣下裳组成，取《周易》卷八《系辞下》："黄帝、尧、舜，垂衣裳而天下治，盖取诸乾坤"之意，以示上下有序，尊卑不可颠倒之意。

按季节不同，朝服可分为冬夏两款。冬季朝服因使用的季节较寒冷，服饰之上，多缀有珍贵动物的皮毛，以起御寒之功效。在电视剧《铁齿铜牙纪晓岚》第四部中，演员大部分时间穿着的都是冬

清

佚名

清世宗雍正孝敬宪皇后朝服像

服，显然在搭配上并不准确。而夏季朝服多用绸缎，以便凉爽。需要注意的是，在大臣中只有四品及以上官员的朝服才分冬夏两款，五品以下的官员一年四季穿的都是同一套朝服。

在朝服颜色的选择方面，只有皇帝的朝服才可以用明黄色，盖因隋唐之后，帝王冠服皆以黄为贵。清崇德元年（1636）《冠服通例》规定："亲王以下官民人等俱不许用黄色及五爪龙凤黄缎。"顺治八年（1651）又规定："官民人等……朝服、便服、丧裹具不许用黄色。"

当然，这只是对官员和平民而言，皇帝本人则不受此限。根据用途不同，皇帝朝服也会选用其他颜色：祈谷、常雩（求雨）用蓝，朝日用红，夕月用月色（月白，即浅蓝色）。皇子可以用金黄色，亲王、亲王世子、郡王等人的朝服，用蓝色或石青色，皇帝若是高兴，也会赏赐其金黄色朝服。四品官员用蓝色或石青色，五品及以下官员只能用石青色。

朝服之上，还配有色彩鲜明的图案。皇帝朝服自然是龙形图案，但样式及数量多变。其他各阶层的朝服主要有以下几点区别：一是图案上，有龙与蟒之分，只有亲王和郡王才可以用龙形的图案，其他如贝勒、贝子、公侯等只能用蟒形的图案。二是在龙的姿态上，有正龙、行龙、升龙之分。所谓"正龙"可以简单地理解为盘着的龙，一般正面朝向；"行龙"指奔走状态的龙，一般侧面朝向；"升龙"指呈升起态势的龙。其中，升龙、正龙等图案只有皇帝可以使用。第三个区别是龙或蟒爪的数量，亲王、郡王用五爪龙，贝勒、贝子、公侯等用四爪蟒。

身着朝服时，应佩戴朝冠。在"剃发易服"之后，清朝人的发式已不再适合传统的冠式。清朝的朝冠为礼帽，又称为"顶子"或"顶戴"。顶戴之上有顶珠，在顶珠下还有翎管，质地为白玉或翡翠，用以安插翎枝。二者合称"顶戴花翎"。

顶戴分为两种，一种为夏天戴的，称为"凉帽"，另一种为冬日所戴，称为"暖帽"，每年的三月开始戴凉帽，八月换戴暖帽。暖帽多为圆形，周围有一道檐边；凉帽为圆锥形，用藤、竹、篾席、麦秸等编成。

顶戴的颜色代表着官员的品级，由高往低，每两种品级的官员用一种颜色，比如一品和二品官员都用红色顶戴，三品和四品官员则改用蓝色顶戴，五品和六品官员用白色顶戴，七品及以下的官员一律使用金色顶戴。在同一种颜色的顶戴中，还有更加详细的划分，比如：一品官员用纯红色顶戴，二品则只能用杂红色；三品和四品之间又有不同，其区别在于颜色的亮度上，有亮蓝和暗蓝之分。除官员以外，其他一些读书人也可以使用顶戴，进士、举人、贡生等都戴金顶，生员、监生则戴银顶。

在等级制度森严的封建社会，即便顶戴的区别已经如此明显，却似乎仍不足以说明其佩戴者之间身份的差别。所以，除了颜色外，顶珠的材质也有所区别：一品为红宝石，二品为珊瑚，三品为蓝宝石，四品用青金石，五品用水晶，六品用砗磲，七品为素金，八品用阴纹镂花金，九品为阳纹镂花金。无顶珠者无官品。

值得一提的是，在雍正时期，官员的顶戴制度曾进行过一次改革，顶戴的颜色保持不变，但材质换成了玻璃，同一种颜色的顶戴，其材质有明玻璃和涅玻璃之分。所谓"明玻璃"就是透明的玻璃；与此相对，"涅玻璃"就是不透明的玻璃。

　　顶戴上装饰的花翎亦大有讲究，按颜色不同，大体可分为蓝翎和花翎两种。蓝翎为鹖羽所做，"鹖"是一种外形似野鸡而善斗的鸟，古籍《说文》和《礼记》中都有关于它的记载；花翎为孔雀羽所做。花翎按数量不同，又有单眼、双眼与三眼之分，翎眼越多说明功勋越高。单眼花翎与双眼花翎较常见，三眼花翎极为罕见，连和珅这样权倾一时的大臣都没有得到过，而清末中兴名臣李鸿章曾得到过。

　　清朝初期的时候，亲王、郡王、贝勒等人不可以戴花翎，到乾隆年间，相关政策有所放宽。顶戴、花翎均是官员身份的重要象征，其重要性有时甚至在朝服之上。官员受到处分，很多时候仍可身着以前的朝服，但顶戴花翎却是一定要换掉的。

　　除上述各项外，五品以上的文官和四品以上的武官，穿着朝服的时候还应悬挂朝珠。与顶戴类似，朝珠的材质也有很多种类，如东珠（珍珠）、翡翠、珊瑚、翡翠、琥珀、蜜蜡等。清朝统治者大多笃信佛教，朝珠的设置也受到佛教文化的影响，朝珠共108颗，每27颗间穿入一粒大珠，总共有四颗大珠，称为"分珠"。旁边尚有小珠三串（一边一串，一边二串），称为"记念"。

　　有趣的是，朝珠的戴法根据性别不同而有所分别，男性要将两串戴在左边，女性反之。另有一串垂于背，称"背云"。作为朝服的配饰，朝珠的使用自然也有严格的限制，其使用必须与佩戴者的地位相符，严禁逾制，其用珠和绦色也各有区别，东珠和明黄色绦只有皇帝、皇后和皇太后才能使用。

# 清爽独特的
## 女装

　　旗袍作为中国女装的代表，如今已风靡世界。然而，最初旗袍只是满人的装束，从开始兴起到逐渐接受再到广泛传播，旗袍的流行经历了相当漫长的过程。

　　满人入关后，在服饰方面所推行的政策，有"十从十不从"的说法，即"男从女不从，生从死不从，阳从阴不从，官从隶不从，老从少不从，儒从而释道不从，娼从而优伶不从，仕宦从而婚姻不从，国号从而官号不从，役税从而语言文字不从"。这大概只是民间的一种总结性说法，不过"男从女不从"倒确有其事。

　　清朝立国后，汉族男性虽已剃发易服，但女性仍可保持明朝时的服饰装扮。徐珂《清稗类钞·服饰类》中有相关的记载："国初，人民相传……男降女不降，妓降优不降之说……女子犹袭明服。盖自顺治以至宣统，皆然也。"书中提到自顺治至宣统皆是如此，可见这一政策几乎贯穿了整个清朝。

　　清初针对女性服装的禁令，大多只是对一些特殊职业的女性，如奴仆、优伶等，不允许其使用丝、绢、纱、绫、缎、绸和罗等档次较高的原料制衣，也不得使用细皮、细毛和石青色原料制衣，这更多是一种阶级政策，与满汉、男女均无关系。

清代有一类女性身份较特殊，即官员的女眷，她们虽非满洲贵族，但也有正式场合专用的吉服，衣裙为红色，袖口和领子处带有各种纹饰，服饰中间带有补子，图案视其丈夫或儿子的品级而定。

文官一品绣鹤；二品绣锦鸡；三品绣孔雀；四品绣雁；五品绣白鹇；六品绣鹭鸶；七品绣䴉鶒；八品绣鹌鹑；九品及以下绣练鹊。武官一品绣麒麟；二品绣狮子；三品绣豹；四品绣虎；五品绣熊；六品绣彪；七同八品绣犀牛；九品绣海马。无品级的夫人用天青色大褂。

慈禧出殡　清朝人穿丧服

妾也可以有类似的待遇，但颜色上只能用粉红色和淡蓝色，以示区别。

还有一种比较特殊的礼服，即丧服，颜色大多素朴，常见的有白、灰、黑、蓝几种，一般为麻布、粗白布等材质。在今天流传的慈禧太后出殡的照片中，可以看到清朝人穿丧服的样子。

清朝汉族女性的日常着装形式多样，色彩丰富。女性着明代的打扮到雍正时期仍有持续，在历史上以严酷著称的雍正帝在这方面颇为开明，曾谕旨："朕试问诸臣，照此定制以申禁约，能管束令其必改乎？断不能也。法令者，必其能禁而后禁之，明知法不能胜而禁止之，则法必不行。"可见，除了开明之外，雍正帝还看出，这种现象单靠法令是禁止不了的。

不过，旗装有其本身的优点，后来逐渐被广大女性所接受。比如，旗装多在一侧或两侧开衩，便于行动；旗装多用纽扣，与以前服饰用的系带相比，穿戴时更加方便。

旗装在满语中称"衣介"，与传统汉服相比，不止制作简便，而且节省用料。虽称旗装，但样式上实为满汉文化结合的产物，因此种类异常繁多。常见的有便袍、衬衣、氅衣、马褂、大坎肩、小坎肩等，后三者按大小长短又可细分为对襟、大襟、琵琶襟、一字襟等样式。

衬衣和氅衣外形比较相近，常易混淆，但二者在穿着时有相当大的区别，衬衣一侧开口，可以单独穿着；氅衣两侧均有开口，不可以单独穿着。坎肩也叫"马甲"，虽于清代开始流行，却是满汉服饰融合的产物。慈禧太后曾身穿氅衣与外国公使夫人合影，其照片今天依然可见。

民间女子的着装并没有贵族那么多讲究，还是以舒适美观为主。

以裙子为例，初期尚流行明时期的"月华裙"，色彩淡雅，裙中带有褶裥，行动时色彩流动，如月光照耀。

清　佚名　清宣宗孝全成皇后便装像轴　满族传统旗装——衬衣

到中期则流行"凤尾裙"，在缎带上绣花，以金银线将裙片连接，宛如凤尾。

及至后期，又流行"鱼鳞裙"，工艺越加复杂，裙料均折成细褶，幅下绣满水纹，每褶之间以细线连接，能展能收。

还有一种马面裙，亦颇为盛行。前后左右共四个裙门，两两相对，侧面打褶，清代文人李渔在《闲情偶寄》中写道："近日吴门所尚百褶裙，可谓尽美，予谓此裙宜配盛服，又不宜于家常，惜物力也。"文中"百褶裙"，即是马面裙的一种。

除样式繁多外，清朝女装的一大特色是在喜欢在衣服边缘处多加修饰，如襟边、领边和袖边等处，均以镶、滚、绣等为饰。

这种装饰的工艺极其复杂，史书中曾记载"镶滚之费更甚……一衫一裙……镶滚之弗加倍，衣身居十之六，镶条居十之四，衣只有六分绫绸，新时离奇，变色以后很难拆改……"在制成一件衣服的过程中，光是这些边缘部位的装饰就占去了十分之四的工作量，而且一旦制成之后，很难更改，可见其工艺之繁复。

这种风格发展到后来已不限于服饰的边缘处，头巾、围裙、衣襟、鞋面等处亦可加上各种装饰，著名的"镶滚彩绣"即源于此。

氅衣初期乃是后宫妃嫔所穿，然而上行下效，先是在满族贵族妇女之间流行起来，后来又传到民间，受到广大女性的青睐。但为了避免违制，民间的款式已经有所改变。

如果说氅衣的流行是由上而下，那么女性坎肩的流行则是由下至上。从民间流传到宫廷，形式多种多样。长至膝下的称"大坎肩"，仅到腰间的称"小坎肩"。坎肩一般套在长袍外穿着，在领、袖、叉口、下摆等镶有各种图案的花边，装饰作用明显。

在今天，氅衣已经不再是日常服饰了，但坎肩（马甲）依然为人们所喜欢。

在鞋子方面，旗鞋并没有像旗装一样普及，究其原因，旗鞋不仅高跷，木质鞋底也较坚硬，不利于日常活动，即便在满族妇女中，高底的旗鞋也仅为年轻女性穿着，老年妇女一般着平底木鞋。

从清中后期开始，很多满族女性模仿汉族女性缠足的做法。实际上，随着时间的推移，在服饰上已显出明显的满汉融合的态势，到了清末，在服饰上实则已经"满汉难辨"了。

# 纷繁复杂的
## 男装

    满人在入关初期，十分重视服饰制度。不仅对汉人的着装严加管制，推行"剃发易服"的法令，即使在满人内部，服饰要求也十分严格。

    崇德元年的时候，清太宗曾对此事作出训诫，他说先前曾有儒臣劝他改革满洲衣冠，但当时他并未听从。他举了个例子来说明原因：如果他们身着宽袍大袖，聚在一起，此时敌人突然杀入，那么这种宽大的服装会妨碍他们迅速投入战斗。可以看出，当时天下尚未平定，清太宗没有改革满洲服制是出于安全上的考量。

    清太宗对此事非常重视，在崇德二年（1637），他再次谕旨："我国家以骑射为业……服制者，立国之经。朕欲尔等时时不忘骑射，勤练士卒。凡出师、田猎许服便服，其余俱令遵照国初之制，仍服朝衣。……使后世子孙遵守，毋变弃祖宗之制耳。"

    在这里，清太宗将服饰制度上升到立国的高度，可见其重视程度，于历朝历代中均颇为罕见。但在田猎时已允许满人身着便服。

到了顺治十年（1653），部分汉族官员又穿起了汉人之前的服饰，顺治帝曾下诏痛斥此事："近见汉官人等，冠服体式，以及袖口宽长，多不遵制。……如仍有参差，不合定式者，以违制定罪。"在清朝统治者的高压下，男性服饰变革的速度之快，要远大于女性服饰。

从康熙帝开始，清朝统治者开始推行休养生息的政策，民族矛盾有所缓和，乾隆帝下旨奖励农桑，在浙江和三吴一带推广育蚕之法，还下令各州的县官以官方资金购买桑秧，分给居民种植，根据其种植的成效，加以奖赏。让百姓知道种桑养蚕的好处，并强调："农桑乃为政之本，所当时刻留心。"

由于统治者重视农业，奖励农桑，丝织业在这一时期有了长足的发展。这为后来清代服饰的丰富多样，打下了坚实的基础。

清代男子服饰舍弃明代流行的宽衣大袖、筒袜浅鞋的风格；改为箭衣小袖、深鞋紧袜的满洲风格。其服装主要有袍服、褂、袄、衫、裤等，其中以袍褂为主，袍褂中又以马褂最常见。

史料《陔余丛考·马褂》中记载："凡扈从及出使，皆服短褂、缺襟袍及战裾，短褂亦曰马褂，马上所服也。"从这段记载可以看出，马褂最早是骑马时所穿的服装，因其外形前后衣身之间有接缝，便于骑马，多为士兵穿着。但后来马褂逐渐发展为常服，其开衩亦大有讲究，在清朝以开衩为贵，官吏士庶开两衩，皇族宗室开四衩。但也有不开衩的，俗称"一裹圆"，为一般的市民服饰。

马褂在材质上有单、夹、纱、皮、棉等多种选择，结构多为圆领、对襟、大襟、琵琶襟（又称缺襟）、人字襟等。常见的颜色有深红、浅绿、酱紫、深蓝、深灰等，很多官员常常选择与补服同样

清　佚名　满洲家族肖像

颜色的天青色作为常服。

《清会典》中规定："八旗之四镶旗副都统的行褂，镶黄旗、镶白旗和镶蓝旗用红缘，镶红旗用白缘。前锋参领、护军参领、火器营官皆如之。火器营兵行褂，用蓝而镶白缘。健锐营前锋参领行褂，用明黄而镶蓝缘。健锐营兵行褂，用蓝而镶明黄缘。"

有趣的是，清代人在马褂颜色的选择上，若以时间为线，可以看出明显的抛物线风格。初期较单一，以天青色为主，到了中期，颜色逐渐艳丽起来，这与其经济的发展、国力的逐渐强盛有关，到了后期国力衰弱，马褂又流行起浅灰色等较朴素的颜色。

在众多种类的马褂中，有一种极为特殊，即黄马褂。黄马褂为明黄色，熟悉清史的人应该知道，在清代明黄色乃是皇帝的专用颜色，普通贵族只能用金黄色，平民若想穿黄色衣服，只能用杏黄色。清昭梿《啸亭续录·黄马褂定制》记载："凡领侍卫内大臣，御前大臣、侍卫，乾清门侍卫、外班侍卫，班领，护军统领，前引十大臣，皆服黄马褂。"内大臣与侍卫是皇帝的亲卫，所以平时穿黄马褂，以示与众不同，彰显皇室威严。

但这些人只有在职的时候可以穿，离职以后就不可再穿了。除了这些特殊职务的人外，只有被皇帝赏赐时，才有机会获得黄马褂。

在清代，获"赏穿黄马褂"是莫大的荣耀。《二十年目睹之怪现状》第六四回曾提道："他还是花翎、黄马褂、'硕勇巴图鲁'、记名总兵呢。"清黄遵宪的《冯将军歌》也写道："江南十载战功高，黄褂色映花翎飘。"诗中所谓"黄褂"即黄马褂。李鸿章在与日本人签订《马关条约》时，就曾身穿黄马褂。

清代男装还有一个重大特色，即马蹄袖。我们在电视剧中常看到，清代官员在跪拜之前要先甩两下袖子，然后再行礼，这种做法就源于马蹄袖。所谓"马蹄袖"，是在衣服的袖口处接上一个半圆形的袖头，因形状类似马蹄，故名"马蹄袖"。满族人则称其为"哇哈"。马蹄袖在平常的状态下应绾起来，行礼时再捭下来，这一动作在满语里被称为"放哇哈"。另外，在骑马射猎时，也应将马蹄袖放下。

清代男子下身已不再着裙，而改穿裤子，既有利于日常活动，也方便骑马射猎。裤子通常较宽松，并绑有腿带。足上一般穿靴子，尤以皂靴最为流行，黑色白底而高帮。《儒林外史》第十九回曾描写到："身穿元缎直裰，脚下虾蟆头厚底皂靴。"

总的来说，清朝男装彻底改变了自古以来男子的着装风格，这应该是一种进步，虽然清政府推行的手段过于粗暴。在今天，以清代服饰为基础的唐装、旗袍仍风靡全球，而清代之前的服饰在日常生活中基本已经消失了，足见清代男装是颇有其可取之处的。

# 喜欢戴帽子的
## 清朝人

帽子，古称"冠"。古人对帽子非常重视，古时男子在二十岁成年之后，就要把头发盘成发髻，称为"结发"，然后再戴上帽子，称作"冠礼"。冠礼是男性的成年仪式，十分重要。

《礼记·曲礼上》记载："二十曰弱，冠。"《孔颖达·正义》中进一步解释道："二十成人，初加冠，体犹未壮，故曰弱也。"意思是男子到了二十岁，虽已加冠成年，但身体仍未强壮，故曰"弱"。

到了清代，统治者强令"剃发易服"，彻底改变了汉人的着装，但重视帽子这一传统，却保留了下来。

清朝人的帽子种类很多，大体可分暖帽、凉帽、便帽、毡帽、风帽、坤秋帽等类型。暖帽为冬季使用，清富察敦崇《燕京岁时记·换季》载："每至三月，换戴凉帽，八月换戴暖帽，届时由礼部奏请。大约在二十日前后者居多。换戴凉帽时，妇女皆换玉簪；换戴暖帽时，妇女皆换金簪。"

暖帽四周带有五到六厘米宽的檐边，由下往上、由内往外倾斜。材质有皮有布，其中以貂鼠皮所制最为珍贵，其次为海獭，再次为狐皮。暖帽最高处有顶珠，多以红、蓝、白、金四种颜色的宝石做装饰。

凉帽为夏季所戴，状如斗笠，既可防晒也可遮雨，在清前期与后期的样式略有差别，前期又扁又大，后期又小又高，也称"喇叭式"。凉帽并没有帽檐，最早是用苇秸编成，后来多为藤或竹子制成，在凉帽的外面一般会缝上白布，帽口处用石青色锦缎封口。自帽顶四周向下缀满红缨，帽顶镶有顶珠。

凉帽的实用性很高，即使在清朝灭亡后几十年，在中华大地上依然随处可见。暖帽与凉帽皆为礼帽，清朝对其使用有明文规定，《清会典事例·礼部·冠服》记载："（顺治）九年议准，凉帽、暖帽上圆月，官员用红片金，庶人用红缎。"

便帽，又称"瓜皮帽""西瓜帽""小帽"等，在明朝时期就已存在，因为其多用六块绸缎缝制而成，底部再以帽檐相连，造型六瓣，当时称"六合帽"。所谓"六合"，即天、地、东、南、西、北，取其"天下一统"之意。其材质一般夏季用纱，冬季用绒。在目前几乎所有的清朝影视剧中，都可以见到瓜皮帽。

到了清朝，瓜皮帽的造型出现了一些变化，分为平顶和尖顶两种。同时平顶瓜皮帽为硬胎，不可折叠或挤压，否则即会变形甚至损坏；而尖顶帽为软胎，可以折叠，不戴的时候可以放在口袋里，使用起来更为方便。瓜皮帽无论平顶还是尖顶，在顶端都有一粒小疙瘩，称为"结子"。也有人喜欢在帽顶装饰宝石代替结子，称为"帽珠"，材质多为珊瑚、水晶等。

瓜皮帽在佩戴时有前后左右之分，为了易于辨认，通常在帽檐正中处镶上玉或宝石加以标记，称为"帽正"。其材质亦多种多样，珍珠、美玉、玛瑙、翡翠、珊瑚、猫眼、玻璃都可以，其选择的余地远大于帽珠。

除此之外，瓜皮帽的帽正选用不同的材质，也代表不同的寓意，用珍珠、玛瑙以示富贵；用美玉、翡翠以示清正。还有人喜欢在瓜皮帽的结子上缀一缕一尺多长、用红丝绳做成的红穗子，称为"红缦"，多见于年轻人中。

瓜皮帽对清朝人影响很深，民国时很多清朝的遗老遗少习惯戴瓜皮帽以示对前朝的怀念。邓云乡在《梁实秋文注趣》说："30年代中期……在旗的老先生，大辫子不好意思留了，但又要显示其对主子的忠心，便留一小辫，平时戴缎子帽盔，江南叫'瓜皮帽'，夏天戴纱的，小辫藏在帽盔中。"

另外，值得一提的是，清朝也有女性专属的帽子，称为"坤秋帽"。顾名思义，"坤"代表女性，"秋"指季节，"坤秋帽"即满族女性秋季所戴之帽。发展到后来，已不仅仅限于满族人，全天下无论满汉，贵族或平民，都可以佩戴。

"坤秋帽"在造型上，接近男性冬季戴的暖帽，但不同的是"坤秋帽"上系有两条飘带。咸丰二年（1852），文宗对后宫女性服饰进行规范的上谕中，就提过到"寻常帽飘带"。

"坤秋帽"与暖帽一样，在帽檐上覆盖有毛皮，材质因人而异，越富贵者所用材质越稀有。帽子顶部类似平顶的瓜皮帽，但装饰要远比前者更为华丽。一般都会在上面用彩线绣上各种图案，题材丰富多样，并且用宝石加以点缀。

坤秋帽最大的特色就是帽子后面装饰的两条飘带，与瓜皮帽系于结子上的红缨不同，坤秋帽的飘带是固定在帽檐内侧的，长约两尺，上面较窄，越向下越宽，一直垂至腰间，类似领带的形状，但与领带不同的是飘带应放在背后。飘带之上，还可以再加装饰，一般绣各种图案或加上丝穗作点缀。

坤秋帽在颜色选择上，初期偏素朴，越到后来越是华丽，到了清后期，又流行在帽子的两侧插上鲜花或假花作为装饰。

至于"风帽"与"毡帽"，都非清代所独有，古已有之。"风帽"为防风之用，用途较单一，年长之人佩戴较多。"毡帽"则多为下层社会之人所佩戴，并且一直流传至今。

从实用性上讲，清朝的人在剃发之后，对帽子的需求比以往更高。同时，帽子作为身份、地位、阶级的一种象征，在整个清代亦从未变过，这一点，只看清朝纷繁复杂的朝冠即可知晓。

# 高冷的
## "大拉翅" "花盆底"

如果要从现代清宫戏中挑两个最常见的错误，我猜一个是剧中人物经常把朝服当常服穿；另一个就是剧中女性的发式常出现错误。究其原因，主要在于历史上清代宫廷中，女性的发式经历了漫长的演变过程，不同时期对应不同的发式，而影视剧最大的问题，就在于经常混淆不同时期的发式。

比如"大拉翅"这种发式，在诸多的清宫剧中出镜率颇高。然而用对的极少。因为"大拉翅"属于清末期才出现的发式，又名大京样、大翻车、达拉翅、答喇赤，也有人称其为"旗头"。广义上说，这么称呼也并非不可，但不够准确。"旗头"包含的范围要比"大拉翅"更广。"大拉翅"这种发式十分独特，若要详细地了解它，得先从满族女性发式的演变说起。

满人的早期发式非常简单，因为要在东北的白山黑水间捕鱼打猎，只把头发盘在头顶作髻既可，十分利于在野外活动。入关前后，开始在头上加一些简单的装饰品，如头巾、簪子等。

这时，原来的发式逐渐不能满足越来越多的装饰物的需求，于是"软翅头""小两把头"等发式开始流行。即梳全发于头顶，然后用红绳缠住，类似两个横向的长髻，长约三至五寸，呈八字形双垂于脑后，再用簪子固定，可以在发髻上插些鲜花之类的装饰品。此时，清朝后宫崇尚节俭，头饰的选择并不取金银珠宝等物。

到了后来，清朝国力逐渐强盛，奢靡之风渐起，满洲贵族女性头上的饰物也开始丰富多彩起来。这时，"小两把头"已无法满足佩戴过多过重的饰物的需求。"两把头""架子头""钿子头"相继出现。《旧京琐记》中写道："旗下妇装，梳发为平髻曰一字头，又曰两把头，大装则珠翠为饰，名曰钿子。"

"两把头"的梳法比较复杂，要先将所有头发梳到头顶束起来，然后用一根比较长的发簪插入，再将头发分成左右两缕横向梳成发髻的样式，再用簪子固定。由于其形状像一如意横在顶后，因此也称作"如意头"。又因发髻为横向样式，看去类似"一"字，又称"一字头"。脑后的余发梳成燕尾形扁髻，使与头上扁方合成T字形。

清人吴士赞《宫词》里写道："髻盘云成两道齐，珠光钗影护蜻蜓。城中何止高於尺，叉子平分燕尾低。"诗中描述的就是"两把头"。

"架子头"则在"两把头"的基础上更加华丽，此时梳发的工具已有进步，产生了一种名为"发架"的新型工具，大大简化了梳头的过程。发架在使用时先横放在头顶，用头发将发架绾好，在头发的中间还用一根长簪固定，再用钗、针等物将剩余碎发固定。由于在头上加入了架子与扁方，头上可以装饰更多的饰品。

清得硕亭《草珠一串》诗云："头名架子太荒唐，脑后双垂

清　佚名　《孝钦后弈棋图》

一尺长。"诗下自注："近时妇女，以双架插发际，绾发如双角形。曰架子头。"咸丰帝也曾批评过这种现象，在咸丰二年十二月十四日谕旨皇后："宫廷之内，朴素为先。朕看皇后及嫔、贵人、常在等，服饰未免过于华丽，殊不合满洲规矩。是用定制遵行以垂永久。"

然而，咸丰之后，朝政大权开始落到慈禧太后手中。在这一时期，清代宫廷女性的发式也越来越繁复多样，"大拉翅"这种发式的出现就是一例。这种发式要先将头发在顶部梳成圆髻，脑后的头发呈燕尾式一直垂于颈部。另外，在头顶还要装饰上以黑缎、绒或纱制成"不"字形皂板，称为"头板"，头板的底部用铁丝绕成碗的形状，称为"头座"，固定在头顶发髻上，十分美观。

曾有人说这是慈禧太后发明的，因慈禧太后年老后头发少，梳不起来了，于是出现了缎子做的假两把头，此说目前尚缺乏证据。《阅世篇》曾载："顺治初，见满族妇女辫发于额前，中分向后，缠头如汉装包头之制，而架饰其上，京师效之，外省则未也。"可见，从架子头开始，满族女子已开始借鉴汉人的发式。

在此之后，"大拉翅"发展得愈来愈夸张，头板的尺寸越来越大，在中间还配有彩色大花，称"头正"或"端正花"，并加饰珠、翠、玉簪、步摇。在旗头的两侧也可以用两朵颜色相同的小花点缀，俗称"压发花"，或于右侧缀一彩色长丝穗。目前清宫剧中常见的，就是这个造型。

实际上，"大拉翅"翅头正上用的花是由簪发展而来的，由花头和针梃两部分组成，初期大多由珍珠、宝石为原料。到了清晚期，国力衰退，其材质也变成了绒花、绢花，甚至纸花、通草花，其中以绒花最受欢迎，取其谐音"荣华"。"大拉翅"通常情况下搭配便服，但到了清末，其服饰制度已远不如清初时严格，所以"大拉翅"配吉服的情况也时有出现。

清代花盆底鞋，又称"旗鞋"，以木为底，也称"高底鞋"，因鞋底形状不同，又可以分为"花盆底"与"马蹄底"。鞋底一般较高，初期只有一寸或半寸高，后来逐渐发展到四五寸。整个木跟用白细布包裹，也有外裱白绫或涂白粉，俗称"粉底"。

旗鞋色彩艳丽，图案丰富，十分美观。但由于不便行动，只在满洲贵族之间流行。"旗头"与"旗鞋"是满洲贵族女性服饰的重要组成部分，同时也是最具民族特色的两个部分，直到今天，依然为人们津津乐道。

# 百官的补子，
## 是宦海沉浮一生的象征

我们在各类影视剧中看到清宫戏时，大小官员身着的官服之上，都绣着各式各样的图案，很多人都曾好奇，这些衣服上绣着的究竟为何物？又为何将它们绣在官服之上？

实际上，在官服上绣各种动物的肖像，并非始于清代，此法古已有之。清廷在这方面，对明朝借鉴的较多，是以两朝衣饰上所绣动物，颇为接近。

清代官服称"补子"，也叫"补服""补褂"。之所以如此叫法，是因为在褂子的前胸后背处，各补有一块织物，上面绣着代表官员官位、等级的动物，以区别各自的身份。可以粗略地理解为，在衣服上绣了一块"补丁"，只不过这"补丁"与我们通常所说的补丁不同。多少世人头破血流，就为了在衣服上添上这么一块"补丁"。

有词名曰"飞禽走兽"，清代文官补子上绣的正是飞禽，而武官的补子上绣的则是猛兽。这两类动物大致可以代表两类官员的形象。

在中国的传统文化中，文人应当温润如玉，斯文有礼。若是一个文人如野兽般张牙舞爪，成何体统？所以文官补子上的动物，一般选温顺且有吉祥寓意的禽类，按官员的品级分为如下几种：

一品仙鹤，仙鹤又名"丹顶鹤"，在中国的传统文化中，是长寿、吉祥、忠贞的象征，多见于赋予道教文化的建筑及器物之上。仙鹤的地位很高，仅次于龙凤，也因此有"一品鸟"之称；人们今天熟知的纪晓岚曾官至礼部尚书，为从一品，其补子图案即为仙鹤。

二品锦鸡，锦鸡的种类较多，然而并未有人考证出清朝补子上绣的锦鸡究竟属哪一种。

三品孔雀，孔雀有"百鸟之王"的称号，形象常见于佛教，亦是聪明、德行与吉祥的象征。

四品云雁，其形象常见于古诗词中。

五品白鹇（xián），体色洁白，但叫声喑哑，有"哑瑞"之称。是著名的观赏鸟类，据说大诗人李白尤喜此鸟。

六品鹭鸶，其特征是胸背处也会生出丝状的长羽毛，随风起舞时，非常好看，常见于古代书画作品中。

七品鸂鶒，也有人说是鸳鸯，二者大抵是同一类的生物，无须过分纠结于名称。

八品黄鹂，叫声悦耳动听，也常见于古诗词中。

九品鹌鹑。杂职练鹊。这两种禽类现实中都比较常见。

风宪官绣獬豸（xiè zhì），是一种神话传说中的动物，外形接近麒麟，现实中并不存在。所谓风宪官，即监察系统之官员。

武官为显威武，补子上绣的动物皆为战斗性较强的生物，与文官补子上的动物一样，既有现实中存在的动物，也有仅见于神话传说中的动物。其细分如下：

一品麒麟，麒麟在现实中虽不存在，然而大家却都很熟悉，是中华文化中有名的瑞兽，与龙、凤、龟合称"四灵"。是吉祥的象征，其形象不止见于服饰，于建筑、饰品上亦颇为常见；经常与和珅作对的阿桂就曾任四川总督，从一品，其补子上绣的就是麒麟。

二品狮子，这里需要注意的是，古人所说的狮子是一种神话中的生物，与我们如今在动物园里见到的，不是同一物种。也有说古代狮子即狻猊的，真假难辨。我们最常见到的关于它的形象，是园林或大宅门口摆放的石制狮子。

三品豹。四品虎。五品熊。此三者皆为常见猛兽。

六品彪，关于彪是一种什么样的生物众说纷纭，至今没有定论。一般认为彪是一种介于虎和豹之间的动物，其性凶猛，据说能食虎子。

与文官不同的是，武官中七品、八品补子上绣的动物相同——都是犀牛。

九品海马，此处的海马并非我们今天见到的海洋生物，而是背上长有翅膀的神兽，既能上天也能入海。

在古代，官员作为朝廷的代表，其形象不可谓不重要，其服饰不可以不慎重。各级官员补子上的图案，必是严格筛选后的结果。然而其中也并非没有值得商榷的地方。

比如文官补子所选的图案中，除却风宪官的獬豸不论，唯有一品补子图案仙鹤带有宗教神话色彩，其他多为常见之物。有"百

此是頭品文官仙鶴補服

此是二品文官錦雞補服

此是三品文官孔雀補服

清　佚名　清代职官像

鸟之王"称号的孔雀为何会排在锦鸡之下？令人费解。而后面的云雁、白鹇、鹭鸶、鸂鶒、黄鹂等，无论从物种本身还是其通常代表的寓意而言，并无高下贵贱之分。比如把云雁与白鹇对调，让鸂鶒排在鹭鸶之前，似乎也未尝不可，这种排名的依据是什么呢？

而鹌鹑通常并不被认为是一种尊贵或是寓意美好的鸟类，更多的是满足人们的口腹之欲。很多人说鹌鹑的"鹌"是"安"的谐音，有"平安""安居乐业"之意。这种说法未免牵强，那黄鹂的"鹂"字通"离"，岂非寓意"分离""离职"？如果这么理解的话，很多鸟类的名字都可以和吉祥的寓意扯上关系？为何非要选鹌鹑呢？形容人姿态美好可以用仙鹤，形容人漂亮可以用孔雀，形容人声音动听可以用黄鹂，但用鹌鹑形容人，怎么看都像是在骂人！

而武官中，麒麟与狮子皆是神物，排在首位尚说得通。然而，号称"百兽之王"的虎为何屈居豹之下呢？在常人眼中，虎、豹、彪这三种生物的区别似乎并不明显，然而排名的人在豹和虎之后偏偏插入了一个与三者区别很大的熊，是何意思？

事实上，细看官员补子上的各种动物，每一种都被置于不同的背景之中，其作画比较抽象，很多形象实不易辨认。比如武官中的虎怎么看都不像虎，熊更像是獾一类的动物，彪看起来像猫，海马也没有看出翅膀究竟在何处……

归根结底，不论是补子本身，还是绣于其上的图案，都是阶级社会等级制度的产物。从浅层意义上讲，这是过去的一种文化现象；从本质上讲，这不过是"历史的尘埃"。其赖以生存的土壤早已不复存在，而补子上的那些图案，也早已"飞入寻常百姓家"了。

# 留发不留头？
## 清朝才没那么可怕

 

 

当年清军入关时，曾犯下很多骇人听闻的罪行，如"扬州十日""嘉定三屠"，但最广为人知的，还是那句杀气腾腾的口号——"留头不留发，留发不留头。"

历史上，中原地区曾多次被游牧民族部分或全部占领过，但清朝统治者是唯一一个在发式方面作出如此强硬要求的。只有四种人是例外：女人、小孩、僧人、道士。那么，怎样的发式才符合清朝统治者的规定呢？

目前的影视剧中，清代人的发式几乎千篇一律，大致上以顶心为界，前半部分全部剃光，后半部分蓄长发，以三缕编成麻花样式，垂至腰部。然而这种只剃前半边头的样式，实则是清晚期男子的发式，称作"牛尾辫"，也有人称其为"阴阳头"或"半瓢式"。

其实清朝人的发式，按样式不同，大致可以分为前、中、晚三个时期。前期发式称为"鼠尾辫"或"金钱鼠尾"。很多历史记载

清　关良昶　《称桑图》

中对这种发式有过描述，如《榕城纪闻》中记载："剃发，只留一顶如钱大，作辫，谓之金钱鼠尾。"

秦世祯的《抚浙檄草》中写道："小顶辫发"把头发剃去，只留下铜钱大一点，梳成一根小辫，叫"金钱鼠尾"。

然而这些描述都不太准确，所谓"金钱鼠尾"，是在顶心处留一面积相当于铜钱大小的头发，编成外观类似鼠尾的辫子，对辫子的粗细有严格要求，以能通过铜钱中心的孔洞为标准。大部分记载对"金钱鼠尾"的描述都是如此，然而这并不全面，还应该在后颈处也留一缕类似的头发，两者合在一起，才是真正且完整的"金钱鼠尾"。

清朝统治者对这种发式的要求非常严格，规定："剃发不如式者亦斩。"这种要求当然会遭到人们的抵制，清政府为了美化这一法令，在1647年广州发布的剃发易服令中说："金钱鼠尾，乃新朝之雅政；峨冠博带，实亡国之陋规。"

然而，抵制归抵制，毕竟命比头发重要，所以这一法令的推行速度还是蛮快的。据当时福州遗民所撰的《思文大纪》记载："时剃头令下，闾左无一免者。金钱鼠尾，几成遍地腥膻。"

当然，也并非所有人都这么听话。事实上，清朝统治者"剃发令"的发布与执行可谓一波三折。据郑天挺《探微集》记载，天命六年，后金攻下辽阳时"生擒御史张铨，其余官民皆剃发降"，待大小城池都落入金人之手后"官民皆剃发降"。"天命"是清太祖努尔哈赤的年号，也就是说，当年还在辽东地区的时候，清政府（准确地说当时应该叫大金，史称"后金"）就已经实行了剃发的政策。

在满人的观念中，通常意义的投降不算真的投降，不能取得信任，只有剃了发后投降，才是真的投降，才能获得他们的信任。这一观念直接导致了后来"剃发令"事件的愈演愈烈。

早在清军刚入北京城的时候，就发布过"剃发令"。但随即激起了汉族人民的强烈反抗，鉴于清军刚刚入关，立足未稳，此时不宜过度激化民族矛盾，所以这一政令只颁布了一个月左右就取消了。

此事见于《清太宗实录》："自兹以后，天下臣民，照旧束发，悉从其便。"然而这只是暂时的妥协，待清军节节胜利，攻下南京、杭州等江南重镇后，"剃发令"就又被提上了日程，而且这一次来得更加血腥。江南本就是明廷抵抗清军的大本营，"剃发令"发布后，人们高呼："宁为束发鬼，不作剃头人！"然而，反抗得越激烈，随之而来的镇压也就越残酷，等待这些明朝英雄儿女的是清军的大屠杀，于是一时间血流成河，死伤无数。

值得一提的是，在热衷推动"剃发令"的人中，还有一个汉人，名叫孙之獬，是明天启年间的进士，曾做过魏忠贤的走狗，在魏忠贤倒台后，被朝廷革职，"削籍返乡"。

清军入关后，他立刻投降。当时清廷为了笼络人心，允许明朝投降的官吏保持原有的装束打扮。但孙之獬为了讨好满洲贵族，竟主动剃发留辫，还穿了满人的服饰上朝。当时朝堂上，满汉官员分列两班，孙之獬小人行径满人不屑，汉人不齿，满人说他是汉族官员，不许他入列；汉族官员说他穿的是满人服饰，也不许他入列。孙之獬进退不得，狼狈万分。

如果孙之獬有一点廉耻之心的话，他还会收敛自己的行为，

清　郎世宁　《弘历观荷抚琴图》

可惜的是，这种人似乎永远不知道何为"改过"，他之后上疏清廷说："陛下平定中国，万事鼎新，而衣冠束发之制，独存汉旧，此乃陛下从中国，非中国从陛下也。"当时的摄政王多尔衮也正有让汉人剃发易服之意，于是两人一拍即合，就有了后来的剃发风波。

不难看出，孙之獬是一个彻头彻尾的小人，这种人的结局也不难预料。后来，孙之獬因贪污被罢官返乡，正逢谢迁起义，孙之獬全家被抓，众人将其绑起来游街示众，在他身上遍刺针孔，插上毛发，以惩罚其谄媚清廷，剃发残害同胞之罪。随后又将其斩首市曹，暴尸通衢，他的家人也被一同处死。

一个无耻小人因一己之私，挑拨民族矛盾，"剃发令"的根源虽不在他，然而他在其中推波助澜，导致无数人流血牺牲，最终自己也身首异处，落得家破人亡的下场，可谓咎由自取，后来人不可不引以为戒！

而清朝统治者对发式的规定，到了清中叶就已逐渐放松。后颈的辫发消失，顶心的部分也不再是一枚铜钱大小，而变成了巴掌大小的一块。发量大大增加，俗称"蛇尾辫"。

从嘉庆后期开始，逐渐演变成今天影视剧里见到的样子。

有趣的是，从清宫流传下来的画像看，清前期的一些统治者，如努尔哈赤、顺治帝等留的也并非标准的"金钱鼠尾"发式，在其前额及两侧可以明显见到寸许长的头发，对照清初"留头不留发，留发不留头"的严厉口号，不得不说是一种辛辣的讽刺！

# 三寸金莲的
## 殇魂与救赎

　　女性缠足之风究竟起于何时，已不可考，坊间有起于春秋战国、隋、五代、宋等多种说法，甚至有人考证其起于夏朝大禹时代，时间跨度如此之大，十分罕见。但可以确定的是，缠足到了宋朝时期，已经有了较大的发展。《宋史·五行志》记载："理宗朝，宫人束脚纤直。"这证明，在宋朝宫廷之中，缠足已成为一种普遍现象。

　　及至封建制度发展到了顶峰的清代，"缠足"这种陋习也已发展到了巅峰。但值得注意的是，清朝统治者曾三番四次下令禁止妇女缠足，这在历代统治者当中，都是极为罕见的。但这也并非出于对妇女权益的保护，而是满洲人历来就没有缠足的习惯。其为游牧民族，日常以捕鱼打猎为生，女性也是如此。缠足之后，行动不便，还如何张网打鱼、骑马射猎？

　　清朝统治者在社会生活的很多方面，都热衷改汉俗为满制，在刚入关的时候就曾发布过"剃发易服"的命令。不过，清统治者数次禁止缠足的法令，均以失败告终！这不能不说是一种讽刺，清朝统治者可以强令男性剃发，却不能禁止女性缠足，莫非女人的脚比男人的头更重要？

很多人都好奇，女性为何要缠足？在古人的观念中，女性的脚是十分私密的部位，甚至有人将其称为除阴部、乳房之外的"第三性器官"。正因为私密，所以神秘，所以就更引人遐想。在《金瓶梅》种，西门庆要勾引潘金莲，先假装筷子掉了，弯腰去捡，趁机在桌子底下捏一捏对方的脚，对方若不反抗，才算对自己"有意思"。

而从更深层的意义上讲，女性作为与男性对立的一面，二者一阳一阴、一刚一柔、一强一弱、一动一静、一大一小，这正是传统观念赋予二者的属性，缠足恰巧在各方面都符合这种理论。女性缠足之后，脚变得更小，"三寸金莲"之说，绝非夸张，而是实际尺寸。

脚小自然立足不稳，走起路来摇摇晃晃，如果再配上纤细的腰肢，女性行走时如清风拂柳，花枝摇曳，美则美矣！只是这种美的代价，何其残酷！古人云"仁者，爱人""己所不欲，勿施于人"，然而在缠足这件事上，圣贤的教诲被众多男性忘得一干二净。

女性缠足还有另外一重作用。历代的习俗中，大家闺秀应当"大门不出，二门不迈"。这还是"男尊女卑"那套观念的体现，归根结底是为了限制女性的行为，缠足亦迎合了这种观念。元代伊世珍的《琅环记》说："吾闻圣人立女而使之不轻举也，是以裹其足，故所居不过闺阁之内，欲出则有帏车之载，是以无事于

清末外销画　彩绘中国传统乐器演奏

足也。"

有一本专门约束女子思想道德的所谓"教材",名叫《女儿经》,其中写道:"恐她轻走出房门,千缠万裹来约束。"只是,对女性来讲,这种限制活动的方式所付出的代价未免太大!当时还有一种观点认为,妇女若不裹脚,是"粗人"!因为只有在田间从事农业劳作的女性才不裹足!这种观点就是用身份来绑架和诱导女性了。可见,那时的人们为了达到让女性缠足以满足其各种各样的目的,简直无所不用其极!

除此之外,文人阶层的推波助澜,也是让缠足风靡社会的重要原因。古代很多文人,对女性的"三寸金莲"尤为偏爱,就连大才子唐伯虎也不能免俗,曾专门写过一首《咏纤足排歌》来赞叹女性的一对"金莲"。

更有甚者,清代有一个叫方绚的文人对女性"三寸金莲"的爱好,竟已达到了病态的地步,自诩为"香莲博士",专门写了一篇题为《香莲品藻》的文章,将女性小脚划分为五式九品十八种,此人竟因此名声大噪!

还有一个叫赵钩台的人想要买妾,对方人品相貌皆是上上之选,只有一个缺点——没有缠过足,赵钩台听了之后说:"似此风姿,可惜土重。"所谓"土重",是杭州本地的俗语,就是脚大的意思。媒人至此仍不死心,又夸耀此女会写诗。不过,赵钩台这个人的人品实在低劣,他故意以《弓鞋》为题,让此女作诗。女即书云:"三寸弓鞋自古无,观音大士赤双跌。不知裹足从何起,起自人间贱丈夫。"赵钩台看到此诗后,竟然当场吓跑了。每次读到此处我不禁拍案赞叹,"贱丈夫"三字入木三分,真真道尽了酸腐文人的丑恶嘴脸！

实际上，缠足须用布带把女性的足踝裹住，使肌骨变形扭曲，这必须从年幼时做起，通常是四五岁时。日本人佐仓孙三所著的《台风杂记》中写道："少女至五六岁，双足以布分缚之渐长渐紧，缠使足趾屈回小于蜷，倚杖或人肩才能步。"若是缠足开始的时间太晚，骨骼已经长硬，不仅很难裹小，而且女性亦须承受极大的痛苦。

郑观应《盛世危言·女教篇》写道："妇女缠足……或四五岁，或七八岁，严词厉色凌逼面端，必使骨断筋摧。"缠足要女性成年之后，脚骨定了型，才可以将布带解下。其承受痛苦的时间之长，可见一斑！

当然，也不是所有人都支持这种陋习。很多有识之士对这种行为深恶痛绝。李汝珍在长篇小说《镜花缘》中写道："吾闻尊处向有妇女缠足之说。始缠之时，其女百般痛苦，抚足哀号，甚至皮腐肉败，鲜血淋漓。当此之际，夜不成寐，食不下咽，种种疾病，由此而生。"作者还发出质问：如果一个人的鼻子大而削小，额头高而削平，这样的人会被称为残废之人，那么，为什么女性的双足残缺后，人们反而认为是美呢？

康有为曾上《请禁妇女裹足折》，建议皇帝"亟宜禁此非刑，改兹恶俗"。到了清末，越来越多的人加入了这个行列，近代知识分子曾发起过"天足运动"，并取得了成功。清朝被推翻后，孙中山正式下令禁止缠足。但直到新中国成立后，缠足这种恶习才最终被彻底废止。

# 第二章　食

# 满汉全席，
## 皇帝做了冤大头

　　说到清朝美食，无数人脑海中都会浮现出四个字——满汉全席。是的，清朝空前丰富的食材，引发了美食方面的大爆炸，在这样的条件下，满汉全席应运而生。值得一提的是，"满汉全席"是后人的叫法，清代并没有这种称呼。清代有名为"满汉席"的宴会，二者之间虽只差了一个"全"字，但具体内容却相去甚远。

　　满汉全席是清朝最具代表性的美食筵席之一。清朝康熙帝六十六大寿时，曾为满、汉两族设了三日六宴，共三百多道菜。随着时间的推移，满汉全席已经没有固定的标准了。直到民国后，满汉全席才分为大满汉（108道菜）和小满汉（64道菜）两种规格，一直流传至今。

　　在地域上，满汉全席集南菜、北菜之大成；在风味上又兼收满菜、汉菜的优点；在烹饪方式上，既有满族常用的烧烤、涮等方式，又有汉族的扒、炸、炒、熘、烧等方式。其菜式花样繁多。在相声中有一种说功名为"贯口"，而贯口中有一个非常知名的表演内容叫"报菜名"，其中就包含了很多满汉全席中的菜式。在今天的相声表演中，依然可以听到这种贯口表演。

在满汉全席开始的时候，要先上茶水，清朝时福建、浙江、广东都是著名的茶叶产地，罗浮山的罗浮茶、云南的普洱茶、白云山的顶湖茶都是当时著名的茶叶。泡茶的水也十分讲究，各地名泉的水最受欢迎，比如我们熟知的杭州虎跑泉。乾隆皇帝曾将北京海淀的玉泉评为第一，皇宫中的饮水用的就是玉泉水。

上过茶水之后，还会上一些鲜果、干果、蜜饯等物，一般有花生、葡萄、青梅、荔枝、龙眼等物，可作开胃之用。上过这些之后，基本上就开始上主菜了，要先上冷盘再上热菜、大菜、甜菜等，全席共计有冷荤热肴一百九十六品，点心茶食一百二十四品，计肴馔三百二十品。仅大满汉108道菜中就包含南菜54道：30道江浙菜，12道闽菜，12道广东菜。北菜54道：12道北京菜，30道山东菜和12道满族菜。可以说是囊括了当时的各种山珍海味，其中光是珍品就包含了如犴鼻、鱼骨、鳇鱼子、猴头蘑、熊掌、哈什蟆、鹿尾（筋、脯、鞭等）、豹胎等珍奇材料。

满汉全席按举办的原因又可分为万寿宴、时令宴、廷臣宴等形式，较常见的是万寿宴。万寿宴是清朝帝王的寿诞宴，也是内廷的大宴之一。在万寿宴上，皇帝自然是坐在首位的。在皇帝用餐的桌旁，数名太监恭敬地垂手站立着，皇帝只需点一点前方的菜肴，太监们便在试菜后，将菜品布在小盘子里，呈给皇帝身边的大太监。大太监用筷子夹起菜肴放入皇帝口中，如果觉得不好吃，皇帝只需皱皱眉头，这道菜便被撤下，或放到稍远的地方。如果觉得好吃，皇帝就会点点头，太监就会为皇帝再呈上一份。

可是，即便皇帝再能吃，这么多道菜也注定是吃不完的，何况清朝还有个规定，那就是为了防止刺客摸清皇帝喜好而下毒，皇帝每道菜都不能吃超过三口。

那剩余的食物都去哪里了呢？

首先，倒掉是不可能的，因为皇帝的膳食造价不菲，倒掉非常可惜。可是，皇帝吃的饭，尤其是皇帝举办的大宴，这菜还都得足斤足两地按规格来操办，那多出来的菜怎么办呢？也简单，那就是——将吃不完的菜赐予嫔妃或官员。

很多人问了：把吃剩的菜送给别人，别人不会嫌弃吗？

答案是当然不会了！这是御膳，而且是最多只吃三口的美食。从外表看，被赐下去的菜几乎跟新做好的一般无二，加上皇帝吃饭都需要由太监用公筷夹菜，所以这道菜也非常干净。最关键的是，对被赏赐的人来说，皇帝赐菜是一种无上荣耀，这代表被赏赐者跟皇帝吃的是同一道菜，这是非常值得夸耀的事情。

有时候，皇帝会一边用膳一边处理公务，这时，除了伺候的太监外，军机大臣们也会侍立在旁，恭敬地向皇帝汇报工作。如果皇

帝心情不错，或颇为赏识这位臣子，他就会赐臣子一张小桌，一把椅子，还会将还不错的菜赐给臣子，让臣子陪自己一同用膳。

　　但是，皇帝赏赐给后妃臣子的菜毕竟还是少数，每顿一百多道菜，终究还是吃不完的。这不，聪慧的御厨和太监们想到了一条"产业链"，那就是做外卖，将皇帝吃不完的食物卖到宫外去。

　　当时，大部分御厨都有两个副业，要么挂靠在某个大酒楼里，要么干脆自己开饭店。虽然自己不能跑去给平头百姓做菜，但御膳却可以流出去，以不菲的价格在酒楼出售。太监、宫女们有时也将皇帝后妃吃剩的点心卖去宫外，在避免浪费的基础上还能小赚一笔。不过，这些钱是入不了国库，也进不了皇帝钱包里的。

　　换言之，皇帝的御膳自己只能享用一小部分，其余的不是进了别人的肚子，就是变成银子进了别人的腰包。可是，皇帝却成了最终买单的那个人。

康熙六十大寿场景

# 清宫"海底捞",
## 好吃又好看

　　要说现代美食中哪些是百吃不厌的，火锅若说第一，其他美食就只能去争个第二了。作为一种既方便又美味的食物，火锅已经深深融入现代人的"好吃血脉"之中。

　　以锅为具，以火为源，以水导热，是为"火锅"，商周时期的"鼎"，东汉时期的"斗"，都是传统的火锅形式。到了清朝，在皇室的热烈拥护下，火锅从简单方便的美食逐渐向着精致奢华的方向"猛冲"。

　　"脱离了群众"的清宫火锅无论在锅的造型上，还是在料的选择上，都颇为讲究，这也让清宫火锅成为一种特殊的帝王御膳。

　　清宫火锅如果按照锅的材质划分，可以分为银火锅、锡火锅和瓷火锅。锡火锅和银火锅在清朝皇宫里最为常见，用银锅来吃火锅，还可以省去银针验毒的环节；瓷火锅也在清宫出现过，但用得并不多，更多是被当作艺术品摆在桌上。

　　在众多银质火锅中，带盖火锅是较为特殊的一个，不仅因为它是乾隆皇帝的御用火锅，更因为其造型与现代重庆九宫格火锅颇为相近。这一火锅内里呈花瓣形状，周身有六个小锅，中间有一个小锅，下面由银制炉架支撑，上面还有盖子可以盖。这不仅是一款实用的便携火锅，更是一件精巧的工艺品。

除了火锅的材质和造型独特外，清宫火锅的汤底用料也颇为多样。既然是宫廷中的御膳，自然要符合皇室一族的口味了。

羊肉汤和狍子肉汤是清宫火锅的主要汤底，有些时候，根据皇帝、皇妃的特殊需要，也会单独调制汤底，比如慈禧太后在吃火锅时，就偏爱在肉汤中加入菊花。这种菊花汤底既有肉汤的浓郁滋味，又有菊花沁人心脾的清香，是一种颇为独特又妙不可言的调制汤底。

在具体的配料上，清宫火锅也要比民间火锅丰富许多，各种不同的食材巧妙搭配，便形成了各类适合不同季节享用的清宫火锅。比如，炖酸菜火锅和鹿筋拆鸭子肉火锅是清宫初春早晨常见的火锅，山药鸭羹火锅多见于初夏时节，燕窝葱椒鸭子火锅是入秋的美味，燕窝肥鸡挂炉鸭子火锅则是冬至时的佳品。

上面这些火锅食材在食用前会全部放入锅中，待到食材熟透后方可食用，这与现在我国北方的"荤锅"颇为相似。除了这种火锅外，清宫火锅还有专门的涮锅，也就是我国南方地区较为流行的涮火锅吃法。

清宫涮锅的涮品也是比较齐全的，猪、牛、鸡、羊、鱼、鹿各种动物肉片应有尽有，各式涮菜一应俱全。在这些与现代颇为相似的涮品之外，清宫涮锅还会为用餐的每个人准备一碗米饭。这碗米饭并不是用来涮的，而是用来泡的。当用餐者吃够了涮菜后，可以

清　姚文瀚　《卖浆图》

用火锅中的肉汤泡饭食用。

　　清宫火锅之所以变得如此奢华讲究，与各位清朝帝王的喜爱是分不开的，而在这诸多帝王中，乾隆皇帝对火锅的偏爱尤甚。可以说，正是因为他的热爱，清宫火锅才能出现如此多的品类和样式。

　　乾隆皇帝爱吃火锅是时人都知道的事，宫中御厨们需要每天为皇帝琢磨新式火锅，地方官员们也需要随时准备为皇帝奉上各式火锅。如此一来，无论是居宫中时，还是微服私访时，乾隆皇帝都能吃到自己喜爱的火锅。这样来算，史书上记载乾隆皇帝一年要吃200多次火锅的事也并非夸张之词了。

在吃火锅这件事上，皇帝与普通人的追求自然不同，普通人更多会看重菜品的搭配，而皇帝则更在意吃火锅时的氛围。

前面已经提到，乾隆在位时，曾举行过两次千叟宴。第二次大宴中，火锅成了筵席上的头牌。当时的桌席被分为一等和次等两种，一等桌上摆有两个火锅，其余又有猪肉片、羊肉片等配菜若干。次等桌菜品稍逊一等，但也以火锅为主。相比于容易凉的炒菜和炖菜，火锅即热即食的特性也非常适合这种极重仪式感的皇家筵席。

看着每张桌子上冒着热气的火锅，听着数千老人喊出的"万岁，万岁"，乾隆皇帝的这顿火锅吃得应该是颇为舒心的。

# 饮食是身份的象征，
## 珍馐与野味难融合

中国有句老话，叫"民以食为天"。这句话最早出自司马迁的《史记·郦生陆贾列传》，原文为"王者以民人为天，而民人以食为天"。可见，早在西汉时期，古人就已经有"吃饱、吃好"的意识了。

人要生存，就必须摄取食物。从最初的茹毛饮血到如今的精吃细作，中国人的饮食文化发生了翻天覆地的变化。封建时期，无论饮食的本质如何变化，大环境赋予它的阶级性都始终未曾发生改变。

在清朝，皇帝吃的是孤单，官员吃的是排场，商贾吃的是珍奇，文人吃的是风雅。虽然老百姓吃不到珍馐玉食，但民间从来不乏令人食指大动的美味。

现在，我们就来感受一下清朝不同阶级的饮食风味。

### 宫廷饮食

清朝关于饮食的规矩很多，宫廷的规矩就更多了。

皇帝的尊贵一定要靠繁复的礼仪维系，有一丝疏漏都是对自己身份的亵渎。

卯正时刻，太监尖细的一声"传膳"，开启了皇帝一天的用餐。

几十名穿戴整齐的太监，抬着大大小小七张膳桌，从御膳房层层而过，来到皇帝的寝室或行宫，将膳桌上的餐点一一布好。

冰糖炖燕窝一品、春笋炒肉丝一品、燕窝鸭丝一品、鸡杂热锅一品、葱椒鸡羹热锅一品、万年青炖肉一品、苹果山药酒炖鸭子一品、海参溜脊髓一品、竹节卷小馒首一品，饽饽二品……这些热菜冷盘、粥品咸菜、干湿点心，林林总总算来共计120道。

午未之间，晚膳准备完毕。清代帝王的晚膳规格同样是120道，此外还有一些果品甜汤。

虽然帝王每日吃两餐，但到了酉时，御膳房就会将早已备好的糖饼、蓬蒿饼、松花饼、蓑衣饼、盲公饼、甘菊花饼、萝卜糕、雪花糕、豆沙糕、蔷薇糕、白雪糕、云英糕、栗子酥、黄豆酥、三层玉带酥等二十余种糕饼点心呈上。这样一来，皇帝就能在劳累之余，来一碟样式精美、口感极佳的点心饱腹。

在皇帝用膳时，除传膳布菜的太监外，旁人是不允许一同出席的。只有大宴或特殊情况，后宫嫔妃、王爷贝勒、皇子贝子、朝臣百官等才被允许一同出席。宫宴的膳食点心规格不一，就连果盘餐具的形状都有严格的规制。

不过，只有美食在侧，却没有亲朋好友的陪伴，想必九五之尊的用餐时光也是极其孤独的吧。

### 官僚饮食

一脚迈出宫廷，官僚阶层的饮食却丝毫不输排场。虽然官员的膳食规格不能超过皇帝，但每餐百十两银子却也是花得起的。

清　郎世宁　《乾隆皇帝围猎聚餐图》

官僚阶层的膳食数量并无底线规定，但无论是自家人的日常用餐，还是要宴请亲朋贵客，他们的内外厨房及小厨房都得早早开始准备。

官僚家庭豢养的大厨虽没到御厨的等级，但仍能做到下刀如风，让手中的食材变成一件件艺术品。《红楼梦》中"贾王薛史"四大家族这样的官僚等级自不必说，就是普通官僚家，每餐都少不了鸡鸭鱼虾肉等菜肴，稍微考究一点的家庭还要用数十种甜品、果脯、汤兜底，彰显用餐的排场，凸显自己的身份。

### 富商饮食

虽说清朝人"万般皆下品，商人最下品"的思想根深蒂固，但这一点儿也不影响富商豪绅们来一场舌尖上的享受。尤其是肚子里有点墨水的富商，只要银子花出去，什么样的美食享受不到呢？

秋天，佃户按照惯例给地主供上大量的银钱、物品，也供奉了不少鹿、獐子、狍子、野猪、野羊、野鸡、野兔、榛子、栗子和各种鱼虾贝类等，有了食材，庖厨们自然可以一展拳脚，将美食呈现在富商豪绅的餐桌上。

### 民间饮食

相比上面三个阶级，老百姓的餐饭就简单得多了。正常时节，人们可以吃上米、面、菜、肉、蛋，还可以感受一下野趣，偶尔打个野兔，烤个红薯，焖点栗子；饥荒时期，人们也顾不上什么口腹之欲，只求能挖点野菜，刨点树皮草根充饥。

总之，清朝是一个阶级很分明，且食材空前丰富的朝代。在这样的条件下，美食也迎来大爆炸时期。

# 请平民上国宴，
## 千年未遇的千叟宴！

千叟宴属于满汉全席的一种，但又可独立出来自成一宴。千叟宴始于康熙，盛于乾隆，可以说是清朝宫廷宴会中规模最大、赴宴者最多的御宴。

康熙帝是历史上的明君，也是著名的长寿皇帝，他认为"自秦汉以降，称帝者一百九十有三，享祚绵长，无如朕之久者"。所以，在他六十大寿的那一年，康熙帝决定举办一场隆重的万寿庆典。他交代礼部，年65岁以上者，官民不论，都可以来京城参加这场盛宴，且京官在整个三月份都要穿蟒袍补子，以示隆重。

三月二十五日，上千名65岁以上的老人来到畅春园。据记载，当时90岁以上的老人有33人；80岁以上的老人有50人；70岁以上的老人有1823人；65岁以上者1846人。在这些老人面前，60岁的康熙帝也算相当年轻了。

为了彰显自己对老人的尊重，也为了宣扬皇室之风，康熙帝让10岁到20岁之间的皇子皇孙及宗室子孙发挥模范作用，亲自为参加宴会的老人们执爵敬酒，并搀扶这些老人到康熙帝面前敬酒。或许对于康熙帝来讲，这次宴会还不够过瘾，三日后，他又在畅春园正门摆了酒宴，专门招待在职和退休的八旗官员。

清朝的酒花样繁多，凡是参加酒宴的客人，无论来自全国哪一个地方，都能找到适合自己口味的酒及下酒菜。比如适合南方人口味的女贞、花雕、竹叶青等酒，其下酒菜有火腿、糟鱼、蟹、松花蛋、蜜糕等；适合北方人口味的有雪酒、冬酒、涞酒等，佐酒的食物有煮咸栗肉、干落花生、兔脯、鸭蛋等。

当时的越酿全国闻名，其中用春浦之水酿造的绍兴酒更是极品，在京城极受欢迎；还有以高粱制成的烧酒，是北方十分著名的烈性酒；甚至还有从国外进口的葡萄酒，比如产自西班牙的甜葡萄酒；还有从我国台湾地区运来的"顷刻酒"，是澎湖人以树叶裹糯米制成的酒，刚入口时淡薄无味，但过一会就会产生醉意，故名"顷刻酒"。

参加第二次酒宴的老人90岁以上的有7人；80岁以上的有192人；70岁以上的有1394人；65岁以上的有1012人。次日，康熙帝又在皇太后宫门前宴请70岁以上的八旗老妇人。

皇帝请客，那可是国宴级别的。不管下面的官员富商再怎么讲究，也不可能越过皇帝的国宴去。关于千叟宴的标准，我们可以从菜单上的一些菜式一窥端倪。

前菜中就有陈皮兔肉、天香鲍鱼、虾籽冬笋等；汤为罐焖鱼唇。御菜的种类最多，包括琵琶大虾、龙舟鳜鱼、滑溜贝球、酱焖鹌鹑、蚝油牛柳、川汁鸭掌、香麻鹿肉饼。还有野味火锅，其中的肉类囊括了各种飞禽走兽，随便举几个例子：鹿肉片、飞龙脯、狍

清　姚文瀚　《紫光阁赐宴图卷》（局部）

子脊、山鸡片、野猪肉、野鸭脯、鱿鱼卷等。还有膳粥一品：荷叶膳粥。

总之第一次千叟宴的排场之大、气势之盛可谓是前无古人，但后有来者。

为什么说后有来者呢？因为千叟宴不止康熙帝办过，他的孙子乾隆帝也办过，而且办得比康熙帝更为隆重盛大。

康熙六十一年（1722），他在乾清宫办了第二次千叟宴，当时，12岁的弘历（后来的乾隆帝）以皇孙的身份参加了这次宴会。虽然这次千叟宴的规模并不大，但依旧给弘历带来极大的震撼。乾隆帝是非常崇拜康熙的，所以他很多事情都在效仿自己的皇爷爷。加上当时能举办大规模的千叟宴，被看作皇帝德行高贵的象征，所以乾隆帝举办的千叟宴更加盛大。

不过，跟自己的皇爷爷比起来，乾隆帝的千叟宴却办得相当糟糕。有人问了，乾隆帝的千叟宴不是规模更大、排场更足吗？是的，可问题恰恰出现在他的"排场"上。

乾隆帝举办的第一场千叟宴，正好赶上了他"五世同堂之喜"。高兴的乾隆帝告诉礼部，这次千叟宴的门槛可以低些，老人但凡达到60岁，就可以来参加皇宫举办的千叟宴。礼部自然明白乾隆的意思，因为乾隆喜欢大场面和奢侈生活是出了名的。为了让这位皇帝摆足排场，各地官员都采取了强制措施，迫使当地60岁以上的老人到京城赴宴。

与康熙帝不同，乾隆将这次千叟宴的时间定在了正月。京城的冬天相当寒冷，乾隆帝又把宴会地点选在了室外。这些老人岁数大了，受不住舟车劳顿，加上又吃了不少冷菜冷饭，很多人都在千叟宴后与世长辞了。

有了这次"教训"，乾隆帝的第二次千叟宴就好多了，他不但选择在室内招待老人们，还将食物改为火锅，相关规格也都提高了。

《四库全书》有记载，"尊老者，天之经，地之义，民之行也。"可见，如果帝王只讲排场，那标榜德爱的千叟宴也就成了"鸿门宴"，即便排场再大，也难以被世人称颂了。

# 规矩太大逼死人，
## 皇帝饿得偷太监东西吃

从古到今，对皇帝生活充满幻想的人比比皆是。有一则关于皇帝饮食的笑话，说的是两位老农，农闲时坐在一起谈论皇帝吃什么。一位老农充满向往地说道："皇帝吃饭的时候，肯定是前面一锅油，后面一锅油，他想吃油条就炸油条，想吃麻花就炸麻花。"

这个笑话想表达的是想象力会受生活的限制，所谓"夏虫不可语冰"，对于当时可能连温饱都难以解决的农民来讲，这样的饮食就算是很高级的了。

确实，"皇帝每天吃什么"的问题，对中国人来说是很有诱惑力的问题。天子富有四海，吃的东西肯定要比老百姓好。不过，皇帝也是肉体凡胎，所以，他吃的东西无非就是比老百姓精细罢了。

清朝时的主食流行"南米北面"，南方以大米为主，北方以小麦为主，清朝的皇帝比较注重保健养生，这一点在饮食上体现得尤为明显。在清朝宫廷的饮食中，光是粥类的保健食品就有很多种，常见的如莲子粥、牛乳粥、山药粥、枸杞粥、羊肾粥、羊肉粥、茯苓粥等，不同的粥有不同的功效，如山药滋阴又利湿，既滑润又收涩，有健脾补肺，固肾益精之功效。

这还只是主食的冰山一角，副食的种类更多，如各种禽类和鱼类。如在鸭类中，雄鸭和老鸭是极品，李渔在《闲情偶寄》中就曾记载："烂蒸老雄鸭，功效比参芪。"直到今天，冬虫夏草炖老雄鸭依然是调节免疫系统、抗疲劳、抗肿瘤的重要食物。

在清廷中，各地进贡的果品同样具有保健的功效。比如龙眼、荔枝不仅味道好，而且于健康有利。荔枝味甘、酸、性温，入心、脾、肝经；可止呃逆，止腹泻，是顽固性呃逆及五更泻者的食疗佳品，同时有补脑健身，开胃益脾，有促进食欲之功效。龙眼果实营养丰富，是名贵的高级滋补品，龙眼药用始载于《神农本草经》，性温，味甘，具有补益心脾、养血安神的功能。

当然，宫廷中这些名贵食材的聚集，不免会给地方带来负担。在晚明时期，史学家谈迁在《枣林杂俎》记载了给皇帝上供的货物种类和数量：

"鲜梅、枇杷、杨梅各四十扛……鲜笋四十五扛，船八，鲫鱼先后各四十四扛……鲜笋十二扛……天鹅等物二十六扛，船三……蜜饯、樱桃等物七十坛，船四，鲥鱼等百三十合，船七，紫苏糕等物二百四十八坛……"

由于篇幅所限，这里略去了名单上的大部分物品。不过，这还只是南京一地的贡品，而且，除了各地的贡品外，明朝还有专门给皇宫生产食物的"上林苑"。关于上林苑的产物同被《枣林杂俎》所载：

"上林苑蕃育署畜养……鹅八千四百七十只，鸭二千六百二十四

清　姚文瀚　《紫光阁赐宴图卷》（局部）

只，鸡五千五百四十只。……雏嫩鸡各十三只，鸭子二百四十，鸡子二百八十。……青菜二十四万七千五百斤……牛九百二十九只……羊二千五百六十九只……儿猪六十六只，母猪千只……"

清朝皇帝在前期比晚明统治者要节俭得多，据记载，康熙朝的宫廷用度只有上述的十分之一，当时北方多为一日两餐。《清稗类钞》中记载，康熙帝曾因缺粮问题对人们一日三餐的做法表示不理解，他在批阅一封奏疏的时候说："尔汉人，一日三餐，夜又饮酒，朕一日两餐，尔汉人若能如此，则一日之食，可足两食，奈何其不然也？"不过，清朝后期政治逐渐腐败，宫廷的实际用度远远超过了这些记载，各地贡品的数量与晚明的这些记载相比，只怕不遑多让。

有人说，清朝皇帝不是吃满汉全席吗？不是一顿饭一二百道菜吗？并非如此，清朝的皇帝也不全都能吃得起满汉全席，有的皇帝，连喝粥喝汤都要看人脸色。

清末李元伯在《南亭笔记》里讲述了光绪皇帝的饮食：光绪帝很爱吃鸡蛋，每天都要吃4枚，但内务府却将鸡蛋的价格报到34两银子一枚。有一次，光绪帝颇为同情地问自己的老师翁同龢："鸡蛋好吃，可这么贵的东西，您能吃得起吗？"

不仅是光绪帝，以节俭闻名的道光帝也挺不容易。某天晚上，劳累一天的道光帝想吃碗面汤，于是便叫御膳房给他做一碗。小太监说道："做碗面汤需要数千两银子。"道光帝眉头一皱："前门外一饭馆至此最佳，一碗值四十文钱，可令内监往购之。"可内监却说："饭馆已关闭多年矣。"于是，道光帝只好忍住了口腹之欲。

比光绪帝和道光帝更惨的是同治皇帝，小时候的同治帝，一日两膳只有粥和汤，这点饭对于正在长身体的孩子来说根本不够。于是，同治帝在饿急的时候会偷太监的东西吃，可如果被太监发现，这些食物就会立刻被夺走扔掉。

御膳，一个听上去高端味美的词汇，里面包含的却是政治、权力与阴暗。也许在某些夜晚，高高在上的皇帝也会抚摸着冰冷的玉柱，叹一声：九五之尊的职业套餐，其实也不过如此……

# 生日得吃寿面，
## 但不是排场越大就越好

庆祝生日的习俗在我国具体起于何时，已不可考。然而其普及程度，堪称各种节日之最。庆祝生日的方式亦多种多样，但最常见的还是吃"寿面"。明代沈德符《野获编·列朝·赐百官食》中记载："太后圣诞，皇后令诞，太子千秋，俱赐寿面。"可见，过生日时吃寿面的习俗古已有之。

在清朝，皇帝诞辰称为"万寿节"，取万寿无疆之义；皇太后诞辰称为"圣寿节"；皇后诞辰称为"千秋节"。《清史稿·礼志七》："雍正六年，始令皇后千秋节王公百官咸蟒袍补服，后准此行。摄六宫事皇贵妃千秋节，仪同皇后。"三者均为重大的国家节日。文武百官在此期间为其祝寿，是古代宫廷中重要的礼仪活动。其中尤以"万寿节"最为隆重，与元旦、冬至并称清廷"三大节"。

在万寿节之前，百官一般先围绕福、寿、吉祥等主题，准备寿礼，主要包括玉石、木雕、瓷器、珠宝、金饰等工艺品。当然，也有人另辟蹊径，比如乾隆皇帝某次大寿时，就有臣子投其所好，进献诗集，结果乾隆帝龙颜大悦。万寿节当天，百官进献寿礼，并在紫禁城为皇帝贺寿。

贺寿活动结束后，皇帝会宴请百官。寿宴有二十道热菜、二十道冷菜、汤四道、小菜四道、鲜果四道、瓜果蜜饯二十八道、各色点心面食二十九道，共计一百零九品。菜肴包括猪、鹿、羊、鸡、鸭、鱼等肉食，辅以蘑菇、燕窝、木耳等山珍。寿宴午时摆设、未时开始，申时结束，历时四小时。

清朝历史上，规模最大的万寿节祝寿礼仪有两次：一次是康熙五十二年（1713）三月十八日，康熙皇帝六十大寿。我们今天已无法还原当时的盛况，但正如从《清明上河图》可以窥见当年北宋都城汴梁的繁华一样，关于康熙帝的万寿盛典，我们从目前流传的《康熙万寿盛典图》中也可以大致领略当时的情景。画中从畅春园到西直门的路上，搭建了各种为康熙帝祝寿的彩棚，棚里面摆满了各地官员精心准备的寿礼。

据记载，当时还搭了20多座戏台，戏台上锣鼓喧天，上演着各种为皇帝祝寿的吉祥戏剧。康熙帝还邀请全国65岁以上老者到京师，举办"千叟宴"，并下诏赐臣民酒果数千席。

还有一次是乾隆五十五年（1790）八月十三日，乾隆皇帝80大寿。众所周知，乾隆帝十分崇敬他的祖父康熙皇帝，在万寿节的庆祝上，他也模仿其祖父康熙帝，命人于圆明园至西华门一路披红挂绿，搭满景点彩棚，并且将文武百官贡献的珠宝珍玩陈列其中，极尽奢靡。

乾隆帝亦模仿康熙帝，举行"千叟宴"，而且规模更加宏大。

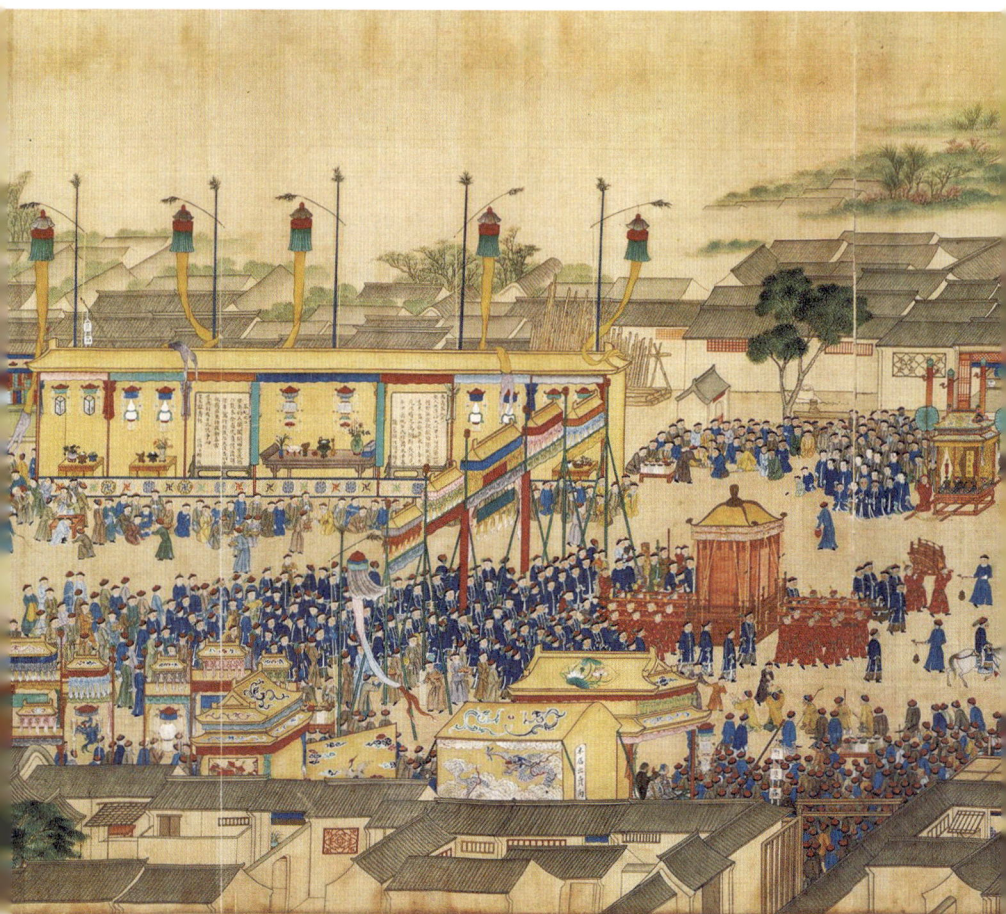

清　佚名　《康熙万寿图》（局部）

不过在清朝,也并非所有的皇帝在大寿时都如此铺张浪费。比如以节俭著称的嘉庆帝,他在过五十大寿之前,提前向王公大臣打招呼,下旨要简办生日,尤其不准大臣给他送礼品:"万寿正日,准各恭送如意一柄,其珠玉陈设等件,一概不准进呈。"其六十大寿来临之际,嘉庆帝又下旨说:"来年朕寿登周甲,所有金珠玉器陈设,仍一概不准进呈。"

同样以节俭闻名的道光帝也是如此。有一次皇后生日,道光皇帝设宴赏赐朝廷内的诸位大臣,他给准备宴席的官员的谕令是:皇后千秋庆宴,只准宰猪两头,用打卤面招待群臣,其余概行裁减。

庆祝皇太后诞辰的"圣寿节",其习俗与皇帝的"万寿节"大体相似,但在规格上稍有逊色。在清朝历史上,为皇太后祝寿时礼仪规格不亚于皇帝"万寿节"的,大概有两次。一次是乾隆十八年(1752)十一月,乾隆帝为生母崇庆皇太后庆祝六旬寿辰。还有一次是在清末,慈禧太后过六旬大寿。

清朝末年为多事之秋,巧合的是:几乎每次慈禧太后大寿,都会遇到战争爆发。在其五十大寿时,中法战争爆发;六十大寿的时候,中日甲午战争爆发,清军一败涂地,清廷被迫签订丧权辱国的《马关条约》。慈禧太后不得不下旨,取消各种奢侈庆典,在宁寿宫中黯然度过了自己的六十寿庆。1904年,慈禧太后七十大寿时,在中国大地上,又爆发了日俄战争。

此时,因"苏报案"而被捕入狱的章太炎满怀悲愤之情,在上海"西牢"内写下了传诵一时的讽刺"寿联":"今日到南苑,明日到北海,何日再到古长安?叹黎民膏血全枯,只为一人歌庆有。五十割琉球,六十割台湾,而今又割东三省!痛赤县邦圻益蹙,每逢万寿祝疆无。"

皇后诞辰的"千秋节"则比较简单。一般寿辰当日，皇后先去皇帝和皇太后处行礼，然后回中宫受皇子及嫔妃等的内廷贺礼。寿宴的规模自然也要小得多。至于嫔妃、答应、常在等的生辰就更简单，通常给他们行礼的只有自己的宫女。

在民间，祝寿之风亦颇为盛行。其规格没有定制，因人而异。富裕之家其寿宴自然隆重而豪华，有些大户人家的寿宴甚至会摆上一周的时间，光酒席就达上百桌。而穷苦人家庆祝大寿，也不过就是请亲戚朋友及左邻右舍聚在一起吃顿饭而已。

在清代，还有一种奇特的寿礼，即"冥寿"，也叫"阴寿""冥庆"，是人们为已经去世的长辈祝寿。清代人翟灏编撰的《通俗编·仪节·阴寿》引姚旅《露书》说："亲死日为暗忌，生日为明忌，宗中极重明忌。亲死者遇生日，如五十、六十之类，犹追寿焉。族人具礼谒贺，一如存日。"

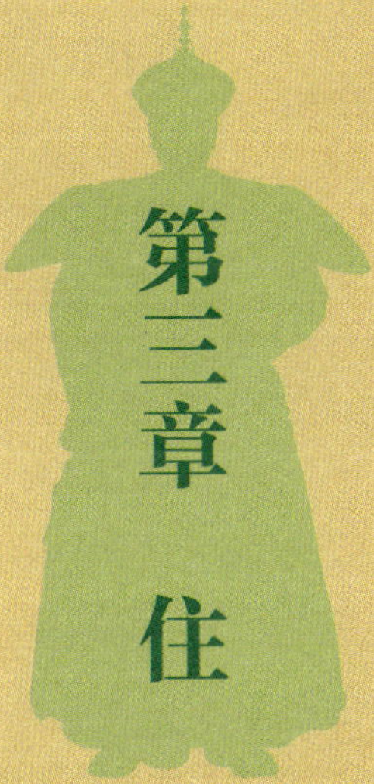

# 第三章　住

# 大清"北漂一族"，
## 一样不容易

　　"北漂"就是在北京谋生的外地人，这个"漂"，是漂泊的意思，从这个字我们就能明白"北漂一族"有多难。租房、交通、应酬、吃饭等问题不仅困扰现代的"北漂一族"，同样也让大清的"北漂一族"很是头疼。

　　清朝时期的"北漂"主要有两种人，一种是奉调入京工作的官员，比如谭嗣同，他原本稳稳当当地在湖南老家建学堂、创学会、办报纸，但是光绪帝却让他进京参与变法，没办法他只得进京成为名副其实的"北漂"。

　　另一种就是那些通过会试考核，荣幸晋升为京都的"公务员"，比如经过殿试后的状元、榜眼、探花、进士被授予翰林院不同职位。就像曾国藩，道光十八年（1838）参加会试，成功登第，殿试后被赠同进士出身，后被授予翰林院庶吉士，从此开始了标准的"北漂"生涯。

　　这些做了京官的"北漂一族"，是不是从此过上让人羡慕的

"人上人"的生活？是不是都能在京都买房置地呢？我们还是先来看看他们的收入吧。

根据大清乾隆的《大清会典则例》之《户部·俸饷》记载，当时文官每年的俸银，一品官员为白银一百八十两，二品官员为白银一百五十五两，三品官员为白银一百三十两，四品官员为白银一百零五两，五品官员为白银八十两，六品官员为白银六十两，七品官员为白银四十五两，八品官员为白银四十两，正九品官员为白银三十三两一钱，从九品官员为白银三十一两五钱。不过乾隆年间规定在京城的文官俸禄加倍，这个多出来的俸禄被称为恩俸。

谭嗣同进入京都当官时，授予的是四品卿衔，享受的待遇是：年俸银一百零五两、恩俸一百零五两、禄米一百零五斛。

曾国藩被授予翰林院庶吉士时，没有品级，享受的是从七品待遇，年俸银四十五两、恩俸四十五两、禄米四十五斛。

根据大清档案记载，每石禄米大概可以换取一两零三四钱银子，这样估算谭嗣同一年收入总共为白银二百八十两，曾国藩的年收入大概为白银一百二十两。

他们这样的收入在京能不能买到房呢？这个还要看清朝的房价。清朝接管京城后，实行内外有别的一城两制，内城里居住的是满、蒙、汉八旗人，房屋分为官房和民房，不过全部归大清政府所有。外城是民房，属百姓私有。

根据《清代前期北京房产交易中的问题》一文中所举的例子，道光十九年（1839），在东四牌楼北十一条胡同内路南院，一共有七间房售价三百吊，这七间房分别是三间正瓦房，两间倒座灰房和两间西厢房。这里要注意，灰房跟瓦房不同，是用石灰抹顶，价钱

清　佚名　《清明上河图》（局部）

也比瓦房便宜。

　　清朝时白银和铜钱的兑换比例一直在变动，尤其是道光帝时，因为国外贸易的影响，银价提升，当时的"三百吊"差不多相当于白银二百两。即便这样，"北漂"的"曾国藩"们依然买不起房，因为他们的俸禄还要置办官服，还要社交，还要养家，等等。

　　清朝政府把省钱发挥到了极致，连官员的服装都要自己置办。一个清朝的官员服饰需要很大一笔钱，这些官服不仅包括朝服、吉服和常服、行服，还要有便服。而朝服，除了内衣、底袍外，还配

有朝冠、朝袍、补褂、朝珠、朝带、朝靴等。不说其他花费，光一挂朝珠就得白银几百两，这样的话一套官服置办下来，需要的银子就不是小数目了。有的官员连买官服的钱都没有，只能跟同僚借或者租。

张之洞在《请加翰林科道津贴片》中说京官每年要白银三百两才能勉强自给自足，这样看来即便四品的谭嗣同过得也很不容易，何况那些级别还不如他高的"北漂一族"？

那些无法自给自足的官员们怎么办？大多是靠借钱度日。比如曾国藩刚到京城很快花光了身上的钱，靠借来的五十两银子才勉强过了年。后来几年，曾国藩又陆陆续续借了不少钱，数目累积到一千多两，直到他做了二十多年官当上两江总督后才还清多年的债务。从这可以看出清朝的"北漂一族"过得是多么艰难了。

# 规制严格，
## 王府仍然各有特色

　　说到王府，有人可能会认为只要是皇亲国戚的府邸都被称为王府。其实不然，王府可不是随便什么皇亲国戚都能享有的，只有被封为亲王、郡王的人，才能被皇帝赐予府邸，他们的府邸才能被称为"王府"，其他如世子、贝勒、贝子、镇国公、辅国公等皇亲国戚的府邸只能被称为"府"，而不是"王府"。那些官至尚书、大学士、军机大臣的住所连"府"都算不上，只能称为"第"，而普通人家的住所只能称为"宅"。

　　清朝的王爷，也就是被封为亲王和郡王的人，是没有封地的。他们受封之后，如果没有被安排去外地，就只能待在北京城内，这也是清朝王府都建在北京城内的原因。虽然王爷可以居住在王府里，但实际上王府的产权并不属于王爷，王爷们拥有的不过是使用权而已，王府的产权属于清廷，朝廷想什么时候收回就什么时候收回。

　　在清朝，王府的华美程度是仅次于皇宫的。清朝对住房标准有着严格的规定，建筑的规模、样式、布局都要严格按照大清礼制执行，任何人不得逾越，否则就会面临灭门、杀头、撤爵、罢官的惩罚。作为仅次于皇宫的王府，其建造规制是什么样的呢？

在《清会典事例》中有这样一段记载："顺治九年定，亲王府基高十尺，外周围墙。正门广五间，启门三；正殿广七间，前墀周围石栏；左右翼楼各广九间；后殿广五间，寝室二重，各广五间；后楼一重，上下各广七间。"这还只

清　郎世宁　《雍正十二月行乐图》·八月赏月

是建筑规模方面的规定。

关于建筑的颜色还有很多详细的规定，比如正门、寝殿应该用绿色的琉璃瓦；后楼、翼楼等用本色筒瓦；正屋、正楼门、柱，应该用红青油装饰，大门上还要有63个金钉，梁栋上也要贴金，并画有五爪云龙及各色花草。

从这段记载可以看出，一般王府的格局是东、中、西三路并列，中间是主建筑，也是体现府邸等级差别的地方。清朝规定，王府的布置要前殿后寝，南北并列，并且以正殿为中心，其他的建筑为依傍。亲王、郡王府必须建在宅基高于胡同路面的地方，这样才能在门前形成明显高出地面的门道，才能步步登高，预示着王爷美好的前途，并且"亲王府基高十尺"，郡王府和世子府，"基高八尺"。

清朝时的房屋多为砖木结构，以庭院式建筑为主，北京的四合院是典型代表。在今天，仍有一部分王府住宅留存下来。王府作为豪门建筑的代表，其多以南北向的主轴线上建正厅、正房，正房前面左右对称建厢房，形成一个封闭的院落。当时上等人家的房屋，户必南向，走廊必深邃，庭院必广大。清代举人夏仁虎所著的《旧京琐记》中，对京城的掌故旧闻、风土习俗、名胜古迹、城厢市肆等均有记载，是研究清代建筑的第一手材料，其中的内容多为作者所见所闻，所以较为可信，里面就曾提到"京师屋制之美备于四方"。而王府建筑，又是其中的佼佼者。

不过，虽然关于王府建造的规制很严格，但不是说所有王府都必须完全一致，有的王府在一些房屋的数量上会相应地减少。就像正殿，根据规制亲王府的正殿应该是七间，但是有的会低于这个标准，比如恭亲王府和惠亲王府的正殿就只有五间，比规制少两间。像翼楼，规定的是两侧各九间，裕亲王府恰好是九间，醇亲王北府只有五间，而恭亲王府则干脆没有翼楼。恭亲王府根本没有后殿，有的王府则直接将后殿改为寝门。

此外，虽然清朝对王府规制有着详细的规定，但是这些规定主要是针对中间主路的建筑，主路以外的建筑并没有太多的规定，而王府通常都会有好几路建筑。其他几路建筑的布局，有的直接采取类似主路的模式，像醇亲王北府、礼亲王府就是这种模式，这种模式能很好地体现出皇家建筑的气势；有的采取四合院的组合模式，像恭亲王府、庄亲王府就是这种模式，这种模式比较亲民；还有的直接采取随意布局的模式，像顺承郡王府、克勤郡王府、宁郡王府就是这种模式。

一般清王府都带有漂亮的花园，而王府建造的规制对此并没有什么规定，这使王爷对花园的位置安排比较自由。像恭亲王府的花园就直接放在王府的最后面，醇亲王北府的花园就单独放在王府的西面，而恒亲王府和礼亲王府则直接将花园和一些建筑结合起来，形成了王府的其他路。

总的来说，虽然清朝有明确的王府规制，但是王府主人可根据实际情况进行适当的调整，这使得各座王府并非千篇一律，而呈现出各自不同的美。

# 一座恭王府，
## 半部大清史

　　恭王府坐落在北京前海西街，是王府中的翘楚，也是清朝规模最大、目前保存最完好的一座王府。它目睹了大清王朝由盛转衰的历史，见证了中国由封建社会沦为半殖民地半封建社会的全过程，承载了丰富的历史文化信息，历史地理学家侯仁之对其评价道："一座恭王府，半部清朝史。"

　　其实恭王府最初是由乾隆时期的大臣和珅修建的。自从和珅在乾隆三十四年（1769）承袭车都尉一职后，就一路升迁，先后担任内阁首席大学士、领班军机大臣、吏部尚书、户部尚书等关键职务。随着职务的升高，和珅的私欲也不断膨胀，利用职务之便结党营私，聚敛钱财。乾隆四十一年（1776），和珅开始修建自己的豪华宅第。从和珅的挥霍可以看出大清王朝官场的腐败，这也是大清王朝由盛转衰的开始。

　　只是和珅的豪宅刚建好没多久，还没来得及好好享受，乾隆帝就驾崩了。1799年，嘉庆帝下旨抄和珅家并赐和珅自尽，他费尽心思修建的豪宅也被没收了。没过多久，这座豪宅就被嘉庆帝赏赐给他的兄弟永璘。

　　庆郡王永璘是乾隆帝的第十七个儿子，他天性醇厚善良，酷爱音乐。在他的兄弟们忙着争夺王位时，他则偷偷跑到民间去听曲，

他开玩笑说只要以后能赐给他和珅的宅邸他就心满意足了。没想到他的愿望真的实现了，于是和珅的宅第便被称为庆郡王府。虽然当时他只拥有这个府邸的西所，因为东所还住着和珅的儿子丰绅殷德和他的妻子——乾隆帝十女固伦和孝公主。

　　嘉庆二十五年（1820），永璘被封为亲王，于是其府邸改称庆亲王府。后来固伦和孝公主和庆王

和珅像

永璘死后，永璘的子孙继承他的爵位继续住在王府内。道光三十年（1850），道光帝立皇四子奕詝为皇太子，封皇六子奕䜣为亲王。咸丰二年（1851），咸丰帝让永璘的后人奕劻搬出了庆亲王府，然后将这个王府赐给自己的六弟奕䜣做府邸，于是这个王府变成了恭亲王府。

奕䜣是清朝中后期的核心人物，他在咸丰皇帝病亡之后，联合慈禧发动了祺祥政变，此后慈禧上台，奕䜣也开始在大清政坛中活跃起来。他参与了第二次鸦片战争，此后四十多年的重大政治活动都有他的身影。

他提拔了曾国藩、胡林翼及李鸿章等人；他提倡西学，支持新式教育；他兴洋务、整吏治。不过，随着地位的提升，慈禧对他起了疑心，开始打击他的势力，最后奕䜣失势。

光绪二十四年（1898），奕䜣去世，他的孙子溥伟袭封恭亲王，仍住王府。到了民国时期，溥伟一家开始中落，王府及花园抵押给了西什库教堂，只是溥伟再也无力赎回。1937年，德国人偿还了抵押款，获得恭亲王府的产权，把它当作学校开办辅仁大学。1949年新中国成立后，曾经的恭亲王府先后由艺术师范学院和中国音乐学院使用。现在，昔日的恭亲王府经过修葺和保护，成为5A景区对外开放，供大家游览。

从1776年到1949年，不过才100多年，但中国发生了翻天覆地的变化，曾经的"雕栏玉砌"仍在，"只是朱颜改"。

# 人口暴涨，居住问题
## 是怎么解决的？

　　根据《明实录》记载，明朝人口最多的时候大约为7185万。到了清朝康熙年间，根据《清实录》记载，康熙二十四年（1685）人口已经达到2亿多，到清朝末期人口已增至4亿。从几千万到4亿，人口暴增了好几倍，这么多人的居住问题是怎么解决的呢？

　　虽然清朝人口增加很多，但是人民可用的土地却没增加多少，跟以前朝代相比，清朝的住房密度要大很多，各地居民在修建房屋时都要考虑节约用地的问题。比如：北京的四合院，为了能修建更多的房屋取消了之前围绕全宅的更道；晋中一带的居民，直接将原本一层的房屋改成二层或三层，跟现代的楼房差不多；东南沿海地区的一些城镇，直接发展出沿街巷或那种联排的小型居民房；人口非常密集的粤闽沿海地区，聪明的人们创造了一种单开间、长进深的"竹筒屋"住房形式。

　　即便这样，还是住不下，怎么办？黔、桂、川、湘等地区的少数民族开始向山区挺进，他们将荒山开垦成良田，并举家上山，从而形成了清代在山区和丘陵地区建造房屋的一个特色。此外，贵州、湘西、桂北一带的居民还利用山河的优势，修建了非常有特色的吊脚楼，这种房屋大多呈虎坐形，并以"左青龙，右白虎，前朱雀，后玄武"为最佳屋场。

因为南方房屋太过密集，如果出现火灾，情况将惨不忍睹，于是防火被提上了日程，所以南方居民房屋普遍具有封火山墙。现在你到南方旅游，在一些古镇还能看到各种造型优美的封火山墙。

此外，清政府还进行了频繁的"移民"活动。比如"借地养民"政策，就是将河北的部分农民迁徙到哲里木盟（今通辽市），还将山西及陕西的部分农民迁徙至集宁、伊克昭盟（今鄂尔多斯市）等地，这样不仅缓解了内地人民的居住问题，也使得内蒙古南

清　佚名　《清明上河图》（局部）

部的牧区逐渐农业化。在这个新开发的地区，房屋形式多为"晋陕形式"，也就是院落狭长，厢房是短进深房屋。

在陕西、山西等地，由于当地的土地干燥，土质坚硬，所以窑居成为当地人的主要居住方式。据乾隆年间《延长县志》中所述，当时的窑居者占比可达十之三四。窑洞有很多优点，比如简单易修、省材省料，坚固耐用，冬暖夏凉等。康熙时所修的《隰州志》记载："民皆穿土为窑，工费甚省，久者可支百年。"

我国古代居民住房的材料在清朝以前主要是木材，但是清朝以后随着人口的增多，木材越来越少，人们不得不寻找新的住房材料以及新的构造形式来建造房屋，以满足广大居民的居住问题。像硬山搁檩式结构就是在清朝中叶开始发展起来的，粤闽沿海地区的"竹筒屋"采用的就是这种搁檩式结构。

为了减少材料的损耗，清朝住宅用的柱径、檩径、梁枋断面等都变小变细很多，一些装饰用的斗拱构件也不见了，之前大的月梁造型也换成了直梁，在江南一带的苏州直接用圆木来做梁架。木架结构的简化和砖石广泛的使用，让清朝居民住房的外貌发生了很大的改变。

这些不同的式样结合在一起，使得清代民居形成了自己独特的美。下次看到清朝遗留的故居，赶紧鉴赏一下它的美吧。

# 不是所有的清代家具
## 都能叫清式家具

古代不像现代这样，有这么多的家用电器，那时流行的家居装饰主要就是家具，经过几千年的发展，到清朝时期我国家具行业已经日趋成熟并形成了自己的风格。

根据家具的造型风格，通常将清代的家具分为清代制作的"明式家具"和"清式家具"两种。清朝顺治、康熙年间，其家具依然是沿袭了明代风格制作的硬木家具，所以被古董行称为清代的"明式家具"，这一时期的清代家具不属于"清式家具"。

到了雍正、乾隆时期，随着社会的发展与中外文化的交流，清朝皇室和满族贵族们开始追求物质上的享受。他们不仅修建各种豪宅和精美的园林，还开始追求一种豪华但又不失文化品位的室内装修。"明式家具"那种简明、清雅、古朴的风格已经不再符合满清贵族们想要炫耀和贪图享受的审美心理，清代家具开始呈现出自己的风格。

这时西方盛行的巴洛克和洛可可艺术风格传入中国，这种精雕细琢、绚丽多彩的装饰造型风格很快满足了清朝统治者的审美需求。为了迎合统治者的需要，一些工匠将西方的造型、雕刻与装饰艺术手段融入中国的传统家具工艺中，形成了风格华丽、重装饰的"清式家具"。在皇家和贵族的大力倡导下，这种风格的家具很快发展起来，最终成为清朝的时尚家具。

跟其他朝代的家具相比，"清式家具"具有以下几个特点。

### 种类繁多、式样多变、设计巧妙

跟明代家具相比，"清式家具"增加了很多明代没有的品种和样式。比如出现了仿竹、仿藤，甚至是仿假山石的木制家具。在结构上，"清式家具"也追求式样多变。比如即便常见的扶手椅，"清式"也在基本式样上，衍生出了各种式样的变体。因为"清式家具"追求豪华与繁缛的富贵之气，所以家具的尺寸比明式的大；因为要在家具上雕刻精美的花纹，所以选用的木料也变宽变厚，导致"清式家具"整体看起来有些笨重，没有"明式家具"古朴、明快。

### 选材讲究，作工细致

在选材上，"清式家具"推崇深颜色、纹理细密的珍贵硬木。在清朝前期，首选是黄花梨木，其次是紫檀、铁梨、乌木等珍贵木材。因为这一时期，房屋的门窗主要是直棂门窗，窗户用纸糊，导致室内光线暗淡，所以色调明快的黄花梨木家具比较受欢迎。

到了雍正、乾隆年间，家具的首选木料改为紫檀木，黄花梨、铁梨、乌木的家具少了。这主要是因为是黄花梨木资源几近枯竭，

《红楼梦》 第二回 贾夫人仙逝扬州城 冷子兴演说荣国府

并且随着欧洲玻璃工艺传入中国，窗户由糊纸改为用玻璃，室内的采光得到了明显改善。于是颜色较深的紫檀木开始受到青睐。

嘉庆、道光时期，紫檀木也变得越来越稀少，所以晚清的家具大多采用新红木。此时，内忧外患不断，手工业遭到极大的破坏，"清式家具"也开始衰败。

### 注重装饰，手法多样

"清式家具"发轫于广州，广州是对外贸易的重要城市，西式家具的豪华与富丽影响了中式家具的风格。此时，家具的用料开始变得粗大厚重，并且装饰华丽，注重雕刻、镶嵌、彩绘等艺术，形成了独特的"广式"风格。在雕刻手法上，又借鉴了牙雕、竹雕、漆雕等技巧，使得雕刻完成后的打磨更加细致，线脚分明，光润似玉。"清式家具"中雕刻的纹样大多是象征吉祥如意、多子多福、官运亨通的花草鸟兽等。

除了雕饰之外，"清式家具"的镶嵌也非常有特色，可以说是式样繁多，千变万化。这时镶嵌的材料不仅有木、石、竹、骨、象牙、玉石、瓷、螺钿，还有珐琅、玻璃以及金、银等贵金属。

"清式家具"还使用了大量的纹样。比如床榻的围屏、柜橱的门窗都常使用二方连续、四方连续的图案来装饰。"清式家具"中常用的装饰纹样有云纹、回纹、草龙纹等，其中云纹和回纹使用最多。如果看到有云纹、回纹装饰的家具，一定要多鉴赏一下，很可能就是"清式家具"。

# 陵墓，皇帝的
## 永久"居所"

在中国历来有人喜欢研究与神秘相关的学说，早在春秋战国时期"百家争鸣"的时代就出现了阴阳家，而在更早则有"伏羲画卦""文王演八卦"的故事。

到了秦汉时期，邹衍的"五德终始说"大为流行，甚至成为国家制定制度的基础。

而说到"风水学"，就不得不提到晋代的郭璞，其名著《葬书》中有云："葬者，乘生气也，气乘风则散，界水则止，古人聚之使不散，行之使有止，故谓之风水，风水之法，得水为上，藏风次之。"郭璞可以说是风水学的鼻祖，他所著的《葬书》，也成为历代人们选择墓葬的指南。

在古代，上至天子下至平民百姓，均笃信风水之说。人在世之时选择住宅要看风水，死了之后选择墓地也要看风水。历朝历代帝王的墓葬大多选在"风水宝地"，元朝时期因为蒙古人的习俗与汉人不同，在墓葬选择方面也与汉族不同。清朝与元朝不同，满族人接受了汉族的文化，在墓葬风水方面也是如此。

在清朝的皇帝中，除溥仪外，其他九个皇帝都分别在河北遵化市和易县修建了规模宏大的陵园。由于两个陵园各距北京市区东、西一百里，故称"清东陵"和"清西陵"。2000年11月，清西陵与清东陵一起，被第24届世界遗产委员会列为世界文化遗产。在今天已成为当地的知名旅游景点。

古代"风水术"首推"地理五诀"，就是"觅龙、察砂、观水、点穴、立向"。龙就是地理脉络，土是龙的肉、石是龙的骨、草木是龙的毛发。《阳二宅全书·龙说》云："地脉之行止起伏曰龙。"

所谓"风水术"，首先要查看地形，尤其是山与水的走向，影响着气与运的形成。合乎风水原则的墓要建在龙脉之上，而且要选中龙穴，气应聚而不能散，这样才能有利子孙后代。

知道了这些风水学的基础理论，我们再来看清代皇家墓葬的选择。

清东陵始建于1661年顺治帝时期，《清史稿》中记载当年顺治皇帝到此后曾说"此山王气葱郁，可为朕寿宫"，但一直到1908年清朝灭亡前才全部建成，共历时247年，占地面积2500平方公里，是中国现存规模庞大，建筑完美的帝王陵墓群之一。

在清东陵中，共有五座皇帝陵墓，分别是：顺治皇帝的孝陵；康熙皇帝的景陵；乾隆皇帝的裕陵；咸丰皇帝的定陵；同治皇帝的惠陵。除此以外，还有很多皇后、妃嫔、公主等人的陵墓。比如比较著名的孝庄文皇后的昭西陵，还有同治时期共同垂帘听政的慈安、慈禧两位太后所葬的定东陵。

值得一提的是，孝庄文皇后葬在这里是比较有争议的，因为孝庄是清太宗皇太极的皇后，照理其死后应葬在皇太极位于沈阳的昭陵才对，葬在这里似乎不合规矩。民间对此众说纷纭，但大多没什么真凭实据，官方的说法是，孝庄皇后死前曾有遗嘱说："太宗文皇帝梓宫安奉已久，卑不动尊，此时未便合葬。若别起茔域，未免劳民动众，究非合葬之义。我心恋汝父子，不忍远去，务必于遵化安厝，我心无憾矣。"

不过这种说法很多人并不接受，严格地讲，孝庄文皇后所葬的昭西陵也不在清东陵中，它与清东陵之间还隔着一道风水墙。而孝庄皇后死后也并未立即下葬，而是将灵柩暂停在其生前居所内，直到37年后雍正时期才正式下葬，这也是导致其陵墓产生众多谜团的原因之一。

在关于清东陵记录最具权威的文献资料《昌瑞山万年统志》中，这样描述东陵风水："北开嶂于雾灵，南列屏于燕壁"，"含华毓秀，来数千里长白之源"，认为东陵风水源自燕山山脉，但其风水源头则与远在千里之外的长白山相连。

但另一部清朝重要文献《清朝文献通考》中又记载东陵风水来源自太行山。

光绪年间选择穆宗载淳陵基时，李唐、李振宇曾说过："东陵龙脉，自雾灵山至琉璃屏，分为三枝，中枝结聚土星，名曰昌瑞山，面朝一大金星。"无论采取哪一种说法，清东陵都属于风水学上的宝地，这是毋庸置疑的。

清西陵面积达800余平方公里，是清入关后营建的又一处规模较大的陵墓区，也是历代帝王陵园建筑保存比较完整的一处，雍正八年（1730）选此为陵址。

清　颜峄　《人物图轴》

清西陵的建造时间很长，共经历了186年，清朝中后期的皇帝大多葬于清西陵，其中包括雍正帝的泰陵、嘉庆帝的昌陵、道光帝的慕陵和光绪帝的崇陵，还有一座没有建成的帝陵，是中国末代皇帝溥仪的陵墓。与清东陵一样，清西陵中除了四座皇帝墓外，还包含了很多皇后、公主、嫔妃的陵墓。

清代孙鼎烈在《永宁山扈从纪程》中曾对清西陵的山势做过描述："山势自太行来，巍峨耸拔，脉秀力丰，峻岭崇岗，远拱于外，灵岩翠岫，环卫其间。"又说："龙蟠凤翥，源远流长，左右回环，前后拱卫，实如玉笏金城。"确是难得的风水宝地。

不过，风水之说虚无缥缈，即便有如此好的风水，清朝最终还是灭亡了。清东陵也遭到盗掘，尤其是乾隆皇帝的裕陵和慈禧太后的定东陵，被民国时期的军阀孙殿英带兵闯入，其中用来陪葬的宝物也几乎被劫掠一空。

清代民间选择墓地也十分注重风水，《儒林外史》中就曾写道："他越发慌了，托这风水到处寻地，家里养着一个风水，外面又相与了多少风水。这风水寻着一个地，叫那些风水来覆。"究其原因，当时的人们认为子孙后代是否发达，与祖坟的风水密切相关。人们选择墓地时，一般有"三不葬"原则，即市井之地不葬，庵观寺院之地不葬，仇隙之地不葬。除此以外，前人已葬之地，不论好歹，不可毁掘，否则必有灾祸。

不过，皇室看重的风水尚不可靠，何况民间？所谓"祸福无门，惟人自召"，子孙后代是否得福，终究在于人为，而非风水，后人不可不知。

# 第四章 行

# 清代的旅行可不是
## 说走就走那么简单

　　在清代，人们可否来一场说走就走的旅行呢？答案是不可能的，别做梦了！在中国，历朝历代都对人口流动加以严格的限制，并为之设立了严格的关卡制度，清朝自然也不例外！

　　我们在影视剧中经常会看到这样的场景：人们来到一个地方时，城门口会站着几个穿官服的人对过往的行人一一检查，加以盘问，有时还会搜身检查。很多时候，城门口的墙上或布告栏上还张贴着通缉犯的画像。但这些不过古代社会通关检查的几个步骤之一而已！

　　古时朝廷会在水陆交通要冲上设立关卡，称为关津或津关。一般来讲，路上的为"关"，水路上的为"津"。胡三省在《资治通鉴》的注释中说："关，往来必由之要处；津，济渡必由之要处。"

　　要知道，古代朝廷收入中，最重要的税就是人头税和土地税，如果人口流失，耕地荒芜，那么税收就一定会下降。所以在封建社会中，历代朝廷的土地政策，务求把农民束缚在土地上。农民只要一天到晚忙着做农活，自然没有心思琢磨别的事，如果全天下的农民都不去琢磨"别的事"，那么对统治者来说，天下就安定了。

对封建社会的统治者来说，"流民"是暴乱的罪魁祸首，历代统治者对此都深恶痛绝，清代也是如此。

通常大规模流民的产生，都源于一些自然灾害，如水灾、旱灾、蝗灾等，土地没法种了，农民自然要迁徙到别的地方。但这种自然灾害的危害范围相当之大，以清代为例，通常以省为单位，流民的迁徙也通常以省、市为单位。

这种迁徙本身就没有获得官府的认可，其他地区一般也没有承接的能力，流民迁徙后得不到救助，走投无路就容易发生动乱，若是再有人加以领导，就直接成农民运动了。所以无论规模大小，古代统治者对人口的流动都极为重视，尤其在特殊情况下，以免积少成多、积小成大，而生祸患。

为此，历朝历代都有自己的关卡制度。在中国漫长的历史中，朝代虽然不断更替，但这一制度却一直流传下来，并逐渐发展完善。

《周礼》中记载："门关用符节，货贿用玺节，道路用旌节，皆有期以返节。凡通达于天下者必有节……无节者，有几则不达。"由此可见，关卡的制度最早甚至可以追溯到几千年以前的周朝。在行政类的制度中，能延续几千年的尚不多见。

清代立国后，在军事上虽然扫除了明朝最后一点残余势力，但在很多政治制度方面，对明代亦有所继承，关卡制度也是如此。

很多人会想，去一个地方也不一定要走关卡吧？走别的地方行不行？古代的城市建设毕竟没有今天的发达，总不可能一个地方，三百六十度派兵把守吧？确实，不过这一点历朝历代的统治者早就想到了，也有应对的办法。比如在唐代，从关口以外其他地方偷越的，称为"越度"，要罪加一等，处以一年半的徒刑。即使偷越未果也要杖责七十。如果是越度边境的关口，则要处以两年的徒刑。

在明代，《明会典》中规定："对凡无文引，私度关津者杖八十，若关不由门，津不由渡，而越度者，杖九十。若越度缘边关塞者，杖一百徒三年。因而外出境者绞，守把之人，知而故纵者，同罪。失去盘诘者，各减三等，罪止杖一百。"

可见，走"捷径"的后果可是很严重的！而且，古代的交通也没有今天发达，为走"捷径"翻山越岭，实在得不偿失！

明清时期，通过各种关津的凭证称为"路引"，也叫"文引"。申请"路引"的过程比较麻烦，也比较繁琐。要先向乡里申请，乡里审核申请者是否处在官司或各种徭役中。

这种方法也并非明清独有，早在唐朝的时候，《唐律疏议》中就曾规定，"不应度关者，谓有征役番期及罪谴之类，皆不合辄给过所。"乡里审核通过之后，再呈报州县审核，等到州县核准无误之后才会发给申请者"路引"。

"路引"若要归类的话，算是公文一类的文件，纸质。上面的内容因时代不同各有差异。一般会写明通行人的姓名、年龄、住址、事项原因、起止地点，还有返回期限，等等。据《实政录》记载，有些个别的路引甚至可以具体到身长几尺，有须、无须还是微须，方面还是瓜子面，面色是白色、黑色还是紫棠色等，脸上有无麻疤等。

路引的使用有严格的限制，不准转让，更不能冒名顶替。在这一问题上，清朝统治者对满族和汉族一视同仁，任何人都不得例外，可见统治者对路引的重视程度。

在《兵部处分则例》中，"旗人告假请领路引"条目中规定：旗人如有事去往外省，须"由该都统出具印文咨部给予路引前往"。如果没有路引私自前往的话，为官的要降二级，无官的要鞭一百。

从本质上讲，"路引"这一制度，和封建社会的经济基础紧密联系在一起，是户籍管理制度的延伸，其根本目的还是尽量把百姓束缚在土地上，以便管理。

然而，从明代开始，资本主义开始萌芽，到了封建社会末期的清代，脱离土地从事其他生产的人越来越多，工商业与手工业发展迅速。加上清朝统治越来越衰弱，农民运动风起云涌，关卡制度早已无法发挥当初的作用了！

清　袁耀　《盘车图》（局部）

# 身份的象征，
## 能坐轿子绝对不骑马

　　我们今天看到的影视剧中，很多场景都与史实不符。比如清宫戏中，官员似乎随时随地出门就坐轿子，好像除了在皇宫或家中，平时都是不走路的。

　　在某些剧中还有这样的场景，官员下朝时，外面密密麻麻地停着一排排轿子。实际上，这种情形在清代历史上几乎是不可能出现的。究其原因，大致有两个方面：一是清朝针对官员轿子的使用有严格规定；二是坐轿子出行的成本太高。

　　满人在马上得天下，向来注重骑射的传统，出行的时候崇尚骑马，关于轿子的使用，官方有明确规定。

　　据《清史稿》中记载："汉官三品以上、京堂舆顶用银，盖帏用皂。在京舆夫四人，出京八人。四品以下文职，舆夫二人，舆顶用锡。直省督、抚，舆夫八人。司道以下，教职以上，舆夫四人。杂职乘马。……庶民车，黑油，齐头，平顶，皂幔。轿同车制。其用云头者禁止。"

在乾隆十二年的时候，为避免满洲贵族过分追求舒适，耽于安逸享乐而荒废骑射的传统，乾隆帝曾针对此事专门下旨，大意是说如今满洲大臣出门坐轿子的很多，虽然不违旧制，但武官身负练兵演习等重任，骑马射箭是职责所在，与文臣的情况大不相同。所以武官应该遵照旧制骑马。宗室中的少年子弟也应练习骑马，不应贪图舒适安逸而坐轿。

从这条谕旨可以看出，当时对文官乘轿的限制相对宽松，但对武官却有严格的要求。

然而，令乾隆帝哭笑不得的是，他的这条政令被众多的满洲官员钻了个大大的空子！这些人虽不敢再坐轿子，但也并没有改骑马，而是改乘车出行了！乾隆帝只得再下谕旨，大意是说我之前让你们不要坐轿，改为骑马，结果你们一个个的居然改乘车了，这和坐轿有什么分别？都统之类的武官负有训导官兵之责，应该率先做出表率，岂可偷安！还说"倘都统与部院二品以下堂官等再有坐轿者，御史等指名参奏。朕必将违禁之人治罪，断不轻贷"。

为什么会有这种现象出现呢？这里涉及一个根本的问题——历来游牧民族入主中原之后，都会面临同一个问题：是劫掠一番就走，还是留下来建立政权？南北朝时期的鲜卑人、两宋时期的金人，以及后来的蒙古人、满人都曾面对这个问题。

如果留下来建立统治政权的话，就必然要居住在高墙城郭、亭台楼阁中，享受绫罗绸缎、锦衣玉食，无法再保持其游牧方式的生活。而从人的本性来讲，无论汉人还是各游牧民族，追求更舒适的生活乃是人之常情。习惯了广厦楼台、珍馐佳肴之后，谁还会怀念骑马打猎的生活呢？

　　乾隆皇帝本人在统治初期尚能节俭，越到后期就越追求奢靡享受，这种风气此时已深入满洲贵族的骨子里，如何能说改就改呢？

　　乘轿出行本身也花费高昂。乘轿一年恐怕要消费几百两银子。即使有资格乘轿出行的官员，也未必会选择这种方式，这要看本人的经济状况，毕竟几百两银子不是小数目。

　　清代的轿子体积已经很大，常见的有四人抬和八人抬之分，因

清　佚名　《少愚先生小照》

此除了轿子本身的成本外，雇佣轿夫也是一笔很大的支出。轿子自重加上乘坐的人总共要二百多斤，轿夫负重行走，同时还要协调一致，并不轻松。所以，抬轿子的轿夫一般都是专业人员，多为年轻力壮者。佣金自然不便宜，一位轿夫月薪大概要一两银子，在不同时期略有差异。

在影视剧中，一辆轿子的轿夫多为两到四人，实际上抬一辆轿子所需的轿夫数量远不止于此。由于轿子是纯人力来抬的，人总有累的时候，所以一般用轿子做交通工具的时候，要同时带两班或者三班轿夫以进行替换，可能需要十几个人。如果刻意俭省，至少也得两班轿夫轮班抬轿。

清代的早朝时间大概在六点左右，一些居住在外城的官员凌晨三四点钟就要起床准备相关事宜，到五点左右内城城门开启，官员鱼贯而入。在六点之前官员们要在宫中排好队伍等待上朝，整个过程还是颇为不易的。尤其在冬季，北方的冬天很冷，凌晨三点就要出门，官员们选择坐轿而放弃骑马，没轿子的就选择乘车，大概也是可以理解的！

# 舟船轿辇，
## 各有各的行路学问

　　水路交通是古代重要的出行方式，相比陆路交通，它更加方便快捷。陆路出行，无论骑马或乘车，总要依靠牲畜，而牲畜与人一样，也需要饮食休息，无形中增加了成本；如果长途奔波，牲畜在路上生病，反而耽搁行程。

　　相比之下，舟船既无须进食也不会劳累生病，是以古人更喜欢水路出行。明朝袁可立《陈发兵出海之期疏》中就曾说过："陆地抵复州三十里，盖州百八十里，水路抵盖则半日程。"

　　但水路交通也并非全无缺陷，其最大的问题就是严重受制于地理环境。所以，历代统治者都十分重视水路的疏通。

　　秦朝统一六国后，就修建了灵渠，联通了长江水系和珠江水系，从北方可以直接走水路到达岭南地区，大大方便了南北方之间的联系。

　　到了隋朝，大运河的开通可谓创举，虽饱受诟病，但就其功效而言，真乃子孙万世之基业也！元朝时又将其延伸，可以直接通到北京。

再经明清两代的修建与管理，逐渐形成了今天的京杭大运河。从杭州出发，途径浙江、江苏、山东、河北、天津、北京，跨越了钱塘江、长江、淮河、黄河、海河等水系。大运河长约1797公里，是中国古代三项伟大工程之一，更是世界上最长的人工运河，在今天的水路交通中，依然发挥着举足轻重的作用。

### 船

水路交通最主要的工具即船只，清代的船只多种多样：有海船、航船、货船、香船、游船，还有鲜船、搭便船、竹排，还有游湖时常用的画舫等。

清代时还出现了一种叫"划子"的小游船，可供游人随时租借，每船可载客七至八人。晚清时期，还出现了汽轮船，多见于江苏、浙江等地，价格昂贵，多为富贵人家所用。

清代前中期水运发达，但到了后期逐渐衰落。造成这种情况的原因，可以分为两个大的方面：

一是自然环境的改变。由于黄河经常改道和水患的危害，运河

清　徐扬　《乾隆南巡图》·黄淮交流（局部）

北方段经常阻塞，从1644年到1676年，黄河决口高达32次，几乎每年一次，河槽逐渐变浅，大大妨碍了水运的发展。

二是人为的因素。清朝中后期国力衰退，内河和领海的航运权，均被国外列强控制。再加上太平天国运动在东南兴起，整个清朝的内河漕运，均受到严重破坏。再加上贪污和漕运制度的腐败，水路交通的弊端逐渐显现。

到咸丰年间，西方的商船经常来往于海上，海运逐渐占了上风。在以上种种因素的共同作用下，清朝的内河水运最终衰落，海运兴起，这种局面在两千多年的历史中从未有过。

### 辇

辇，本意是指古时用人拉或推的车，也有乘车、载运、运送的意思。《荀子·大略》中有云："天子召诸侯，诸侯辇舆就马，礼也。"杨倞注："辇谓人挽车，言不暇待马至，故辇舆就马也。"秦汉后特指君后所乘的车。

清人入关后，仍用旧制，皇帝乘舆，有玉辇、金辇、礼舆、步舆和轻步舆等种类。前三者乃祭祀时所用，后两者可以简单理解为皇帝日常出行时乘坐的轿子。

轿子是清代人重要的出行工具。贵族、官吏可以使用，普通百姓亦可以使用。清代《汉口竹枝词》描绘了当时乘轿的情况："人面赛花还赛雪，广藤轿子揭帘游。""磋务家来迥绝尘，玻璃轿子去游春。""轿后跟班跳似猴，轿前护勇壮如牛。""乘舆直上山山径，不是商家即宦家"，"舆"此处也指轿子，可见其普及的程度之高！

不过，普通的轿子造型方方正正，在平地上走起来四平八稳，但到了地形比较复杂的地方，用起来就不是那么方便了。为此，聪明的古人发明了很多形状特殊的轿子以应对不同的路况。

在云南，由于地形崎岖，当地人俗称"路无三里平"，所以诞生了一种"三丁拐轿"，以竹片编成，抬轿时两人在前，一人在后，故名"三丁拐"。

在山东泰山，有一种泰山轿，轿子的造型与普通轿子大为不同，它仅有普通轿子的上一半，乘坐者双足下垂，用木板托住，座椅两旁贯以木杠，木杠两端系上皮带，轿夫在抬轿时可以两肩交替背负。在抬轿行进的过程中，其样式也十分独特，两名轿夫不是一前一后，而是分立乘轿子的人左右，平行前进。

在常人的观念中，轿子只能用人抬，但实际并非如此。北方一些省份，有用马来驮轿子，也有用骡子驮的，称为"马轿"或"骡轿"。一般长四尺，宽仅一尺许，高三尺左右，用两根长杠子架在前后两匹马的背上。轿子放在杠上，在道路崎岖的地区，比起人抬的轿子更加平稳，还可以带行李物品，长途旅行时尤其实用。

乾隆年间，有一个叫秦钰的人在游览山西时坐的就是这种轿子，还曾赋诗写道："轻雷小雨涨山泉，净洗桃花彻骨妍。一枕软舆蝴蝶梦，春魂飞饶绿杨烟。"诗中的"一枕软舆"指的就是"马轿"。值得一提的是，当年八国联军打进北京，慈禧太后仓皇出逃时，也乘过骡轿，还是当地的大户献上来的。

到了清末，西方列强以坚船利炮敲开了清政府紧闭的大门，西方工业产品纷纷涌入，国人"师夷长技以制夷"。交通工具也发生了重大变化，舟船由木制改为铁制，各种各样的车辆兴起，让轿子逐渐退出了历史舞台。

# 从江北推来的 独轮车

 

 

"独轮车"这种工具究竟起于何时尚不明确，有起于汉朝的说法，坊间也有传言三国时期诸葛亮发明的"木牛流马"即独轮车，晋陈寿所著的《三国志》中，曾提到蜀汉的丞相诸葛亮对独轮车的发明作出过重要贡献。看过《三国演义》的人都知道，诸葛亮曾发明"木牛流马"，不过"木牛流马"究竟是不是独轮车还无法确定。

裴松之《三国志》的注解中曾详细描述了木牛流马的设计，大体看来已经很接近后来的独轮车了。宋代高承撰《事物纪原》也将造独轮车之功归于诸葛亮，然而根据考古发现，在汉朝的壁画中独轮车业已存在。由于任何事物从发明到投入使用都要经历一个漫长的过程，所以，大胆地推测：独轮车的雏形最早出现于秦朝或更早的时候，也未可知。

独轮车实用性广泛，既可载人，也可载货，相比于两轮车，最大的优势在于只有一个轮子，遇到狭窄崎岖的地形依然可以轻松通过。北宋著名画家张择端所创作的作《清明上河图》中也有独轮车的身影。

独轮车俗称"鸡公车""二把手""土车子"，多为一人推行，所以载重有限，一般用于短途运输，无论在南方还是北方都十分常见。过去的独轮车，车轮为木制，其大小、高低没有定制，因人而异。独轮车的车把之间还差一个袢带。袢带用细麻绳编织成，形状像一根长毛巾，挂在车把上，挎上袢带，一来可以腾出双手掌握车的平衡和方向，二来可以带动腰腿用劲向前走。

宋应星在《天工开物》中描绘并记述了南北方独轮车之驾法：北方独轮车，人推其后，驴曳其前；南方独轮车，仅需一人之力而推之。然而也不绝对，在使用中还是视需要而定。

在清代，有一个行业就大规模使用独轮车，即脚行，通常指过去专门经营搬运业务的机构，由一个行头和一些脚夫组成，由行头负责管理并从中剥削渔利。

清代时这一职业在天津地区最为常见，实际上，脚行的概念有广义和狭义之分，广义的脚行是指所有的搬运工人，而狭义的脚行则是指脚行的把头及坐落的地点。

一般来说，脚行的工人装卸只管一样，如果装卸都干，那就要给当地脚行一笔费用，美名曰"过肩儿钱"。而像这种搬运货物的工作，恐怕没有什么工具比独轮车更适合了。

脚行这一职业一直存在到新中国成立以后，小说家赵树理的小说《三里湾·范登高的秘密》中曾对其做过描述："脚行里有句俗话说：'要想赚钱，误了秋收过年。'越是忙时候，送脚的牲口就越少，脚价就越大。"

清　西人　平则门（阜成门）

　　除了脚行以外，清朝的各种小商小贩也十分喜欢用独轮车。比如天津城外的卖水人，因为清朝时期老天津城内没有饮用水，所以市民要买水喝，每天一大早就会有城外的卖水人用独轮车把水运往城内销售。一车水几文银子，在当时大概可以换几斤玉米面（俗称棒子面）。当年八国联军侵华时，在进入天津后，也曾征用过独轮车队来作为交通工具。

　　独轮车的车身虽算不上宽大，但承载力很强，推粮、堆肥、推土、推柴火，即使装载上百斤货物也没问题。因为其外形极其简约，在使用时可以搭配各种货物，车子也可以进行各种改装，比如在车上加斗。

在动力方面，中国的独轮车，除由人推畜拉之外，更有在车架上，安装风帆以利用风力推车前进的发明。这种车称为"加帆车"，大约创制于五世纪。

独轮车在明末清初的时候曾传到欧洲，在当时引起了巨大反响。十七世纪英国著名诗人弥尔顿在其长诗《失乐园》中，曾写下"中国人利用风帆驾驶藤制的轻车"的诗句。

在二十世纪八九十年代，独轮车在部分地区仍是常见的工具，不过其外观已产生了很大变化。木质独轮车换上了金属轮毂、橡胶轮胎。笔者年幼时就曾推过这种独轮车，但却掌握不好平衡，经常翻车。在今天的农业生产中，已不常见到独轮车的身影，但作为历史上一种被广泛使用的农具，它凝聚着先辈们的聪明才智，也记录下了先辈们辛勤劳动、追求美好生活的足迹。

# 靠右行驶的"交规"
## 从清朝就有了!

　　古人云"无规矩不成方圆",今人又云"有人的地方就有江湖",如果把两句话的意思综合起来,用在出行方面,可以说"有交通的地方就有交通规则"。

　　早在中国古代,就已经出现了交通方面的法规,只不过平常人很少接触到这方面的信息。事实上,古代中国出现交通法规是再自然不过的事,古人极重礼法,《诗经》《尚书》《礼记》《周易》《春秋》合称"五经",是历代文人研学的核心经典。

　　《史记》中"礼书"与"乐书""律书""历书""天官书""封禅书""河渠书""平准书"并列单独成篇,而《礼书》居第一。在如此重视礼法的古代,日常出行又怎会没有规则呢?

　　交通类的法规在我国古代具体起于何时尚不确定,但在大多数朝代,在街道上骑快马或驾快车都是不被允许的,违者将受到处罚。当然,某些特殊情况也会特殊对待,比如为了传递公文或者是颁布朝廷的命令,又或者是因为有急病需要找医生,或者追捕逃犯等原因造成人员伤亡的，只需要到相关部门交纳罚款。

古代交通出行无论走水路还是陆路，受天气状况的影响很严重。清代前期气候较恶劣，在气象学上有"小冰河时期"的说法，指的是明朝末年以后、鸦片战争以前（一说康乾盛世以前），整个中国的年平均气温都比现在要低，夏天大旱与大涝相继出现，冬天则奇寒无比。那时不仅河北，连上海、江苏、福建、广东等地都狂降暴雪。

明末清初人叶梦珠撰写的《阅世编》、清朝中后期人陈其元撰写的《庸闲斋笔记》《清史稿·灾异志》等文献中都提到了这种气象。

古代修路架桥的技术自然不能与现代相比。我国古代的路况普遍都比较差，不仅崎岖不平，而且土路居多，每当遇到雨雪天气，道路就会变得泥泞不堪，难于行走。

清末谴责小说《老残游记》第八回描写了清朝人走雪路的情景："这路虽非羊肠小道，然忽而上高，忽而下低，石头路径，冰雪一冻，异常的滑，自饭后一点钟起身，走到四点钟，还没有十里地。"可见雪天出行的困难！

在嘉庆年间，曾有文士客居沧州，正好赶上天降大雪，于是他就想雇辆驴车，平时的价格应该是四百文钱，但由于下雪，车价直接翻了一倍，这个文士不禁感慨："雇驴冲雪非容易，日费青钱八百文。"（《燕台竹枝词》其一）

总体而言，清朝的官道还是比较发达的，其水陆交通网以北京为中心向四方扩散。其中有几条主要的交通干道，如北京—南京、北京—陕西—四川、北京—江西—广东、北京—河南—湖广、北京—贵州—云南等。这些在当时都是"天下之正路",行旅之人"自西自东,自南自北,无往不适"。

还有一些围绕重要的工商城镇或宗教圣地形成的旅行路线,比如从景德镇到武当山的路线。它既是官道,也是重要的商道,经过多年的建设与完善,其道路已十分讲究。

在官道以外的地方,还设有诸多民间便道,由于其中很多便道都用石板铺路,所以又称"石板路"。在很多山区的民间便道上,都有百姓捐建的茶亭,供行人休息使用。比较著名的有嘉庆年间的五里牌茶凉亭,其门联很有意思:"来不迎,去不送,坐片刻不分你我;烟自奉,茶自酌,歇一会各自东西。"

不过,在当时有些便道也会侵占农田,农民尽量利用每一寸土地去耕种,对于要让出田地一两尺宽作为道路,大多比较反感,争地的现象时有发生。在此间,大部分的载客方式都是利用椅子和轿子。一旦发生狭路相逢的状况,两方的轿夫会提早高声吆喝,希望对方回头或让路。等到碰面时,就要有一方下车,或是被推挤到旁边的泥泞地。

在清末,西方列强闯入后,如果有其中一方是外国人,那么下到泥泞地让路的一定是本地人。

《大清律例》中还规定:因为天气原因骑马撞伤人的,赔偿医药费,还得把坐骑赔给伤者。如果把人撞死了,打一百大板,坐牢三年,另外赔偿死者家属丧葬费,其坐骑则被官府没收。

在我国华南、中南、西南居住的众多民族,都有修桥补路以积善德的习俗惯制。广西三江侗族自治县有一座巴团桥,建成于宣统二年(1910),该桥分人畜双行道,是世界上独一无二的木结构立

清　徐扬　《乾隆南巡图》·驻跸姑苏（局部）

体桥道，建筑设计构思极其独特，桥中还供有关公庙。

在清朝末年，清政府成立巡警部，聘请洋人做顾问，同时也照搬了一部分西方的交通法规，于是也就有了靠右行驶的交规。晚清兰陵忧患生著有《京华百二竹枝词》，其中一首竹枝词专写新交规颁布后的北京交通："靠右边行分两旁，章程订立本周详。马车自有通融法，飞走中间亦不妨。"根据诗中的描写，这条交规似乎并未受到人们的重视，行人在道路上依旧各行其是。

# "洋马儿"进大清，

## 溥仪热爱自行车

　　"洋马儿"，即今天的自行车，又称脚踏车或单车，是一种非常实用的交通工具，发展到今天种类繁多，已不只用于交通出行。"洋马儿"和中国人的缘分要追溯到清朝。

　　1866年清朝派出了第一个出洋考察团，其中19岁少年张德彝在游记里使用了"自行车"一词，一般被认为是自行车一词的首次出现，并被一直沿用至今。

　　1915年出版的《清朝野史大观》中称："黄履庄所制双轮小车一辆，长三尺余，可坐一人，不须推挽，能自行。行时，以手挽轴旁曲拐，则复行如初，随住随挽，日足行八十里。"由于这段内容并非出自正史，所以一般并不为史学家所取。

　　不过，明末清初张潮编写的文言短篇小说集《虞初新志》中，对此事也有记载，这部书里收录了另一个清朝人戴榕写的一篇《黄履庄小传》，其中提到黄履庄这个人自小就十分聪明，一本书只要读过几遍就能背诵。他的思维十分活跃，在他七八岁的时候，曾经偷偷拿了匠人的刀锥，凿了一个木人，长寸许，放在桌子上可以自行走动，人们看过之后都觉得很神奇。他还曾制作一辆双轮小车，不用推即能自行，可日行八十里。

实际上，《虞初新志》虽名为小说，其中记载大多为真人真事，其中一篇《口技》还曾经被选入人教版语文教材。

不过，不论野史还是小说，在研究历史时都只能作为参考，不能作为依据。否则，说不定自行车的历史会被改写。

再者，当时的清朝统治者并不重视科学技术，只是把他们当作奇淫技巧而已。当时曾有报纸报道"洋马儿"："西人有奇技，钢铁制成两轮、两角之怪兽，人乘其上，行走如飞。"以"怪兽"来形容此物，可以看出清人对其还是抱着恐惧和抵触情绪的。

不同于其他事物，"洋马儿"在大清的发展轨迹相当明确。清光绪十一年（1885）后，英商怡和、德商禅臣、法商礼康等洋行将自行车及零件列为"五金杂货类"输入上海。

到19世纪末，原来设摊修理马车、人力车的诸同生，于光绪二十三年（1897）选址上海南京路（今南京东路）604号，开办了同昌车行，经营自行车及零配件。

光绪二十六年（1900），上海有惠民、曹顺泰等六七家车行，销售人力车、马车及自行车零配件，以卖带修。

19世纪60年代，自行车在西方已逐渐流行起来。在差不多同一时间，虽经由西方商人和传教士介绍进入中国上海租界，对"洋马儿"好奇的人也不少，但其始终没有在民间推广起来。

究其原因：一是当时的自行车本身性能不佳，那时的自行车设计安全系数还不算高，使用者也不容易掌握平衡，实用性较差；

二是那个年代中国城市的大多数道路并不平坦，坑坑洼洼的路面不符合骑行要求；

三是民众心理层面的固有认知，觉得自行车与轿子相比，需要自己使力，不能彰显身份，而且骑起来的动作也不雅观。

莫说在清代，即便到了民国年间，自行车的普及还是仅限于部分领域。如在公用领域，各城市的邮政局、电报局、电话公司、公用局、警察局等机关，为了执行公务，提高办事效率都为其职员配备了自行车；而作为代步私用，则在各个洋行里的职员中、各大学堂的教师学生中以及各家报社的记者中较为普遍。直到20世纪40年代，自行车才成为市民日常出行所用的最常见的代步工具。

提到"洋马儿"在中国的发展，还有一个知名的事件，即"洋马儿事件"。虽然此事并非发生在清朝，然而距离清朝灭亡也还不到20年，读者不妨了解一下。

事件的主人公是位西方人，名叫苏道璞，出生于英格兰，后来移民到新西兰，是国际上著名的人道主义者，也是原华西协和大学的化学教授、副校长。他聪明勤奋，在校学习成绩优异，热爱中国、同情中国人民，反对列强侵略，历尽艰难来到中国从事教育事业。1930年5月30日晚下课后，在骑"洋马儿"回家的路上被歹徒刺伤，最终伤势过重去世，年仅42岁。

苏道璞在临终前反复叮嘱他的夫人，要其转告中国政府，不要因为他的事影响中英两国的关系，而且"希望中国政府不要处死凶手，以免他们的妻子成为寡妇"。他的妻子也说："我家死了一个人，全家都痛苦不堪。我希望政府不要枪毙人，造成更多家庭的痛苦。"

婉容骑自行车

此举令世人钦佩不已!

1941年所建的苏道璞化学楼,其匾额题有"所过者化"四字,出于《孟子·尽上心》"夫君子,所过者化,所存者神",意为圣人所到之处,百姓得到了教化,而永远受其精神影响。

"洋马儿"在清代还有一个忠实的爱好者,即清朝末代皇帝溥仪。他是紫禁城里有确切记载的第一位热衷于骑自行车的帝王,曾为了骑自行车方便,让人锯掉了宫门门槛!

除了自己骑行外,溥仪还鼓励身边人骑车,他的妻子婉容皇后也曾骑过"洋马儿",还曾拍照留念,照片至今依然可见。

据清宫档案记载,溥仪留在宫里骑着玩的自行车就有20余辆,包括英国的"三枪"牌、德国的"蓝"牌、法国的"雁"牌等,都存放在御花园内的绛雪轩。

# 没几辆汽车的清朝却
## 办了场汽车拉力赛

清朝末期正赶上世界殖民浪潮高涨的时候，随着殖民者纷纷涌入，很多新奇的东西亦一并走入国门。汽车进入清朝的时间比自行车晚了将近20年，在清朝的命运比自行车更惨，几乎无人问津。

1901年，也就是《辛丑条约》签订的第二年，正赶上慈禧太后寿辰，直隶总督袁世凯特地花费了一万两白银买来了一台汽车作为贺礼，献给慈禧太后。

袁世凯此人颇懂投机取巧之道，然而这在他的职业生涯中，实在算是个冒险的决定。慈禧太后在骨子里守旧排外，但其本人却自以为开明。或许，袁世凯献车的原因也就在此。

不出所料，慈禧太后第一次乘车的过程，就闹得颇不愉快。因为她发现驾车的车夫竟然与自己平起平坐，而且还坐在她的前面，觉得这种行为十分不敬，于是命令车夫跪着开车，可是如此操控汽车难度很高，一路上险象环生，差点出车祸。

另外，有趣的是，慈禧太后对西方的新鲜事物也并非盲目排斥。她一生享尽了荣华富贵，在生活用品上甚至可以说十分时髦。许多西方的小物件纷纷进入她的生活，其中照相机和留声机是她最喜欢的，还经常用留声机听曲子。

慈禧当年乘坐的这辆车至今依然留存，在颐和园曾作为文物展出，但早已不是当年的模样了。

据说，清末的时候有一个英籍医生要回国，便将自己的汽车卖给了上海房地产巨商周湘云。周有了这辆汽车后，就到工部去申请牌照。但工部局捐务处不知道该把汽车归为哪一类，经讨论后决定暂归在马车那一类。

在清光绪二十七年（1901），匈牙利人李恩时将两辆汽车带入上海，上海也成了中国第一座行驶汽车的城市。不过，当时这两辆汽车并没有牌照，到了次年一月份，经公共租界工部局例会上讨论，才决定暂时先给这两辆进口车发放临时牌照以便管理。到了下半年的时候，工部局才决定增设汽车执照这个专门项目。

值得一提的是，汽车虽在清朝所见无几，但清政府曾参与过一场世界级的汽车拉力赛。原因要归于20世纪初汽车运动在欧洲的火热。

在1907年初，国际汽车联合运动会提出了一个大胆的设想：举行北京—巴黎汽车拉力赛！

财大气粗的法国《晨报》负责提供所有费用。为了吸引更多的赛车选手加入，他们宣布："今年夏天谁来开车从北京到巴黎走一趟？该路程全长16000公里，获胜者将获得10万法郎！"

最终，有25个车队报名参加北京—巴黎汽车拉力赛。而清政府之所以同意举办这场赛事，并非其本身有多开明，而是出于列强的

袁世凯花一万两白银购买的中国第一辆进口小汽车

压力。从其发布的相关消息就可以看出来。

1907年6月10日，天津《大公报》刊登了一则消息："北京赛跑电车至巴黎一节，中国政府恐生交涉，故告知：赛车人等车开以后，若被马贼劫掠及受他项损伤，中国政府不担此责任。在车经之路，损毁华人牲畜禾稼，量为补云。"

或许是巨额奖金点燃了人们的热情，但更多地或许是受西方的冒险精神影响，经过众人的努力，最终三支法国车队和一支荷兰车队、一支意大利车队历经艰难险阻抵达了北京，准备参加6月9日启动的北京—巴黎汽车拉力赛。

在这些参赛的车队中，意大利车队的"规格"最高，里面有一位选手是博盖塞亲王。他报名参加比赛时，当选了意大利国会下议院的议员。结果，他竟然毫不犹豫地向国会递交了辞呈，以便专心致志地参加比赛。今天的"土豪任性"这一词汇，用在此人身上一点也不为过。

6月9日，北京—巴黎汽车拉力赛正式启动。随着一声令下，五辆参赛汽车从北京东交民巷使馆区的法国瓦隆兵营出发，从东交民巷东口上崇文门大街，往北经东单、东四，从德胜门出城，踏上了万里征程。当时的中国连汽车都不多见，更不要提加油站了，主办方不得不使用骆驼将燃油提前送到比赛路线上的各个地点。

最终，经过艰难的角逐，8月19日下午4时30分，来自意大利的"任性土豪"——博盖塞亲王驾驶着赛车率先进入巴黎，在巴黎市民的欢呼中夺得了北京—巴黎汽车拉力赛的冠军。

坊间有说，清康熙十一年（1672），"南怀仁"曾为康熙帝制作一个特殊的"玩具"，是一个65厘米长的四轮车，使用一个小型的蒸汽锅炉连接到轮轴以提供动力，只需要装一小块煤，这辆"小汽车"就可以行驶约一个小时。此说既不见于史料记载，可信度也不高，读者姑且听之吧！

总的来说，在清代汽车是相当稀罕的物品，一是由于当时的人们在观念上并不接受这种新鲜事物；二来清朝时国人尚无制造汽车的能力，只能从国外进口，其本身价格太过昂贵，非一般人可以拥有。实际上，即使在民国时期，汽车也只是少数富人的交通工具。

# 大清铁路的
## 灰色记忆

铁路，被誉为国家经济的"大动脉"，与自行车、汽车等新式交通工具一样，铁路也在清代时出现在了中国大地上。

然而，这条动脉的前进道路却充满坎坷。但所幸，它还是突破了传统与世俗的局限，蔓延至神州大地的各个角落，为这片寂寥已久的大地注入了新鲜的血液。同时，也让满清政府，这个国家的心脏重新跳动起来。虽然，这跳动并没有持续多久即迎来了革新。

清朝人最早见到的铁路，准确地说，应该在1865年，这时距离第一次鸦片战争结束，已经过去了23年。一位在华的英国商人杜兰德以广告的方式，在北京的宣武门边上，修造了长度仅1里的铁路，同时修造的还有中华大地上第一辆行驶的火车。当然这些都是展示品，严格意义上不能算是真正的铁路与火车。

但即便如此，还是在社会上引起了骚乱，清政府甚至得派军队出面来维持治安。

中华大地上出现的第一条真正的铁路，是1876年修成的由上海至吴淞的铁路，里程为14.75公里。修筑铁路的所有设备及工程师都来自英国。

毫无意外地，铁路在修建的过程中受到了来自清朝官府和民众的各种阻挠，为了保证顺利修建，英国人甚至在沿路施工处又建了8尺高的土墙来隔断内外。铁路刚刚通车就被叫停，经过多次协商后才又能继续运营。虽然之后没过多久，这条铁路就被清朝花费重金购买，随即拆毁。

清　佚名　李鸿章像

此后，长达5年时间，清朝再也没人提起修铁路的事。即使如此，这条铁路的出现还是让中国成为继日本、印度后第三个修建铁路的亚洲国家。

1881年随着洋务运动的深入开展，军用和民用企业如雨后春笋般涌现，开平矿务局投产之后，煤炭运输成为当务之急。特别是北洋水师初步建成，其舰船每天都需要大量的煤作为动力，以前采用的人力和骡子运输方式，远远不能满足当下的需求。因此，必须建造一条铁路，将开平矿务局的煤炭，运送到数百里之遥的天津大沽口。

于是，中国第一条自建货运铁路——唐胥铁路的修建被提上了日程。

再一次，不出所料，朝野一片反对之声，守旧官员甚至提出铁路："烟伤庄稼，震动寝陵。"最终在李鸿章等人的反复努力下，这条铁路总算建成了。但在建成初期，清政府禁止在铁路上使用蒸汽机器，所以一度出现运输工人用驴、马拉着煤车在铁道上前进的情形。在李鸿章的支持下，一年后，唐胥铁路开始使用中国技术人员自己动手设计改造的"龙号"机车曳引，终于实现了机械动力。

这里要澄清的是，在反对修铁路的问题上，守旧官员也并非我们想象的那么愚昧无知。实际上，西方列强一意要在中国修铁路，也并没安着什么好心。

德国驻上海领事曾说道："盖我铁路所至之处，即我占地之所及之处。"通过铁路入侵中国的腹地，几乎所有列强都打过类似的如意算盘，在文章的开头笔者就已说过，铁路是国家经济的"大动脉"，既是"动脉"，又岂能捏在别人手里？

清朝官员对此也有清醒的认识。时任江西巡抚的刘坤一就是其中之一，他企图采取禁绝铁路等形式，来阻止西方列强的入侵，清朝这样想的官员不在少数。

笔者认为，这种观点的问题在于，他们只一味采取消极防守的态度，列强要修铁路就阻止对方修铁路，列强要开口岸就阻止对方开口岸，这无法从根本上解决问题，说到底还是"闭关锁国"那一套思想的体现。只不过防守的地点从国门之外，变为腹地之内，还是一步步丧失领土控制的结果。面对敌人咄咄逼人的入侵，一味防守回避只会显出自己的软弱，令对方气焰更加嚣张。

真正应该做的是自强！

以前面中提到的江西巡抚刘坤一为例，后来清朝在甲午战争中的失败深深刺激了他，他竟主动上了《请设铁路公司开办折》，请求推动铁路建设。由于清廷当时尚缺乏修建铁路的资金，刘坤一建议向外国借款，以及向外国商人发行股票筹措资金，利用外资来新建铁路。

刘坤一的经历代表了很多清末官员的心路历程。清朝统治者也终于发现了铁路蕴含着巨大的军事、经济价值，开始在全国各地修建铁路。

横跨南北、连接北京与汉口的南北铁路动脉——京汉铁路即于此时出现；1905年，连接甘肃兰州与江苏连云港的东西铁路动脉——陇海铁路，正式开工建设，这条铁路沿线地理、地质、水文、气象条件复杂，工程难度极大，直到1953年才全部建成通车。

值得一提的是，在1905—1909年，詹天佑主持修建了中国自主设计并建造的第一条铁路——京张铁路，它于1905年10月2日动工，历时4年，于1909年10月2日通车，是中国首条不使用外国人员、完全由中国人自行建设完成，并投入运营的铁路。铁路起始自北京丰台柳村，经居庸关、八达岭、河北省的沙城、宣化至张家口，全长为201.2公里。

从1881年到1911年清朝灭亡，30年间清朝一共修建了50条铁路，总长度达9000多公里，遍布全国18个省市。今天，中国的高铁技术已经领先世界，回首铁路跌跌撞撞的发展史，古人云"三十年河东，三十年河西"，其如是乎？

第五章　工

# 皇帝怎么当，
## 一位九五之尊的日常

今天，很多人对古人的生活十分好奇。实际上，在中国封建社会，无论哪一朝代，普通人的生活还是很辛苦的，大部分人不仅要从事农业生产，一年四季还要服各种徭役，如果遇上战争就更凄惨了，元代张养浩就总结过"兴，百姓苦；亡，百姓苦"。

那么，作为封建社会最高统治者的古代帝王，其生活是否就能随心所欲，自由自在呢？事实远非如此。虽然皇帝的地位至高无上，富有四海，"普天之下，莫非王土；率土之滨，莫非王臣"，然而其行为依然受到严格的限制，很多帝王终其一生都未踏出过皇宫，就连其私生活都受到严格的限制。

关于做了皇帝以后是否可以随心所欲，在历史上有一段非常著名的讨论，发生于秦二世与李斯之间，内容可以被历代君王所借鉴。秦二世先是陈述了几位古代圣贤君主的做法：尧和舜当年生活简朴，吃饭用土碗，喝水用瓦盆；大禹治水的时候亲自干活，累得连小腿的汗毛都磨光了。秦二世评价说就算是奴仆的劳苦也不过如此了，他认为：那些尊贵而拥有天下的人应该为所欲为，只要严明法令，天下的人就不敢做坏事，就可以统治四海了。如果身为天子却从事劳苦的工作，为百姓做表率，那还要法令干什么？这天子做的岂非名不副实？

后来的结果大家都知道了，秦二世被宦官赵高杀死，子婴继位后投降刘邦，秦灭亡。

所谓"前事不忘后事之师"，清代统治者就十分注重历代兴亡的经验教训，所以清代帝王对自身的要求都比较高，整个清朝历史上都没有出现过真正意义上"昏庸无道"的皇帝，这在历朝历代都是十分少见的。

做一个合格的皇帝，勤勉是基本要求，清代的很多皇帝一天到晚都非常忙碌。在古代，有专门记注皇帝的言行举止的记录，称为"起居注"，清代也不例外。顾炎武在《日知录》中讲："古之人君，左史记事，右史记言，所以防过失，而示后王。记注之职，其来尚矣。"

根据起居注中的记录，我们可以知道，清代皇帝的日常生活大致有两个方面的内容：一是处理国家政务的活动；二是皇帝的生活起居，包括衣、食、住、学习、礼佛、娱乐等。其大致流程基本如下：

皇帝大概早上5点左右就要起床，洗漱穿戴整齐后，要先去向长辈（如皇太后等）请安，然后开始早读。康熙时起建立了日讲和经筵制度，就是由儒生为皇帝讲论经史。这绝非死板的寻章摘句，而是以实用为目的，以史为鉴，总结兴衰成败的教训，再结合现实的情况，加以讨论，大家各抒己见，为治理国家提供理论基础。

康熙皇帝读书像全貌

早读之后，皇帝开始吃早膳，时间大概在现在7点到9点。需要注意的是，虽然此时早就有了一日三餐的习惯，但清代皇室仍沿袭满洲的习惯，每天只吃两次正餐，即早膳和晚膳，没有午膳。如果中途饿了，可以随时叫些小吃。

在早膳结束之后，皇帝就要开始处理政务。早朝的时间大概在上午9点到11点，皇帝的办公地点主要在乾清门、乾清宫和养心殿。工作内容主要是批阅奏章、召见官员等。清初还有"御门听政"的制度，但到了清中期之后逐步废除。皇帝每天要处理的奏章非常之多，据记载，雍正皇帝"自朝至夕，凝坐殿室，披览各处章奏，目不停视，手不停批，训谕数人，日不下千百言"。

晚膳的时间大概在下午1点到3点，吃过晚膳之后，皇帝既可以继续处理未完的政务，也可以进行其他活动。清代大多数皇帝都比较注重个人修养，尤其喜欢读书。顺治帝能书善画，康熙、雍正、乾隆等几位皇帝也喜爱书法，还会作诗。

在晚间7点到9点时，皇帝一般会吃些小吃，然后进行书经礼佛、祭祀神灵之类的活动，清代皇宫中有很多祭祀专用的场所，以佛教为主。清朝很多皇帝在佛学方面都有很深的造诣。

晚上9点后，就到了皇帝的就寝时间。皇帝平时不能到妃嫔宫里过夜，若要哪位妃嫔陪寝，则在晚膳时翻牌。此牌写有嫔妃名号，因"牌"的顶端涂有绿颜色，又被称为"绿头牌"。被翻牌的妃子会由太监通知沐浴更衣，以待侍寝。妃嫔不可以整夜与皇帝共寝，当晚也不再回到自己的寝宫，而在皇帝寝宫东、西两旁的围房暂住。

可以看出，清代皇帝的生活并没有人们想象中美好，与当今影视剧中展现的形象相去甚远，反而一举一动甚至每时每刻都受到严格的限制，虽享受了荣华富贵，但实则也失去了自由。要做一个好皇帝是很辛苦的事。

# 皇子怎么当，
## 皇位到底鹿死谁手

　　对封建社会的统治者来说，王朝的延续，是十分重要的事。从周朝开始，中国的皇位（王位）继承都是采用嫡长子继承制。根据《春秋公羊传》的表述，就是："立嫡以长不以贤，立子以贵不以长。"

　　所谓"嫡子"，就是正妻（皇后、王后）所生之子，而庶子就是正妻之外的妾（妃嫔、侍婢）所生之子。继承的顺序，先看嫡庶，再看长幼。一般以嫡子中年纪最长者为第一继承人，如果没有嫡子，则在庶子中选取其母身份最高的立为继承人。

　　嫡长子继承制有个显著特点，就是它的立储结果是公开的。在一开始就限制了庶出者与后来者继承皇位的权利，表面看来清楚明了。然而人心是不可测的，在历朝历代，嫡长子继承制都没能彻底消除皇位继承的纷争。

　　造成纷争的原因有很多，比如皇帝并不喜欢嫡长子，而偏爱其他的皇子，如明成祖朱棣在立了太子朱高炽后，反而偏爱其弟朱高煦、朱高燧，甚至曾打算更换太子；又比如皇帝宠爱某一嫔妃，便打算立其子，汉高祖刘邦亦曾有此打算；又或者皇帝虽立了太子，但其他皇子实力强大，便发动政变，如唐太宗李世民通过发动"玄武门之变"，杀掉了太子李建成。

清朝的统治者也面临这一问题，但清朝的皇位继承制度并没有遵循历朝历代的传统，其不同时期采取了不同的制度，相比于以往朝代更加复杂多变。但即便如此，也没能消除皇位继承上的纷争，有的时候，其竞争反而更加激烈。

在后金时期，清太祖努尔哈赤实行"汗位推举制度"，也有人称其为"八旗共主制度"，即满洲八旗组成一个联盟，由八旗旗主推举选出合适的领导者来继承皇位。有记载："天命七年三月，谕分主八旗贝勒曰：'尔八人同心谋国，或一人所言有益于国，七人共赞成之，庶几无失。当择一有才德、能受谏者，嗣朕登大位。'"

皇太极继位后，改国号为"清"，他为加强中央集权，大大削弱了各旗的势力，又把正蓝旗夺到自己手中。崇德八年（明崇祯十六年，1643年）八月初九日，皇太极猝死于盛京后宫，他死前尚未立储，其长子豪格在继承皇位方面拥有明显的优势。

但此时皇太极的弟弟多尔衮手握重兵，在满洲贵族中也有很多支持者。皇位的继承问题围绕以豪格为首的两黄旗和以多尔衮、多铎兄弟为首的两白旗之间争执不下，最后双方只好妥协，议定由皇太极的第九子、年仅六岁的福临即帝位，即后来的顺治帝。

顺治帝在位期间，继续削弱八旗王公的权势，汗位推选制度也就随之宣告结束。顺治十八年（1661），顺治帝因感染天花去世，在其临终前，将皇三子玄烨选定为继承人，即后来的康熙帝。

清

佚名

光绪读书像

康熙帝虽然没有明确皇位继承制度，但在形式上采取了嫡长子继承制。立与皇后所生的第二个儿子（两人第一个儿子2岁时早夭）胤礽为太子。不过后来太子在随康熙帝巡幸塞外时行为有失，大阿哥胤禔等皇子又争言太子的诸多不是，康熙帝开始对太子产生怀疑，认为他想要分取皇帝手中的权力，以便任意行事。雪上加霜的是，在返回京城的途中，康熙帝发现太子深夜靠近自己的帐篷，向内窥视，于是怀疑太子有谋逆之心。于是废除了胤礽的太子地位。

不过，皇位之争并没有因太子被废而结束，反而因太子之位悬空，众阿哥争得更加激烈，康熙帝无奈之下，为了缓和局势，重新将胤礽立为太子。但出人意料的是，太子胤礽自从上次被废之后，行为反常，多荒诞不经，甚至还策划逼康熙帝尽早退位将皇位让与自己。康熙自然大怒，从塞外回到京师之后，就宣布将太子胤礽拘押起来，并再次废除了他的太子之位。

康熙六十一年（1722）十一月十三日，康熙帝病危，临终前留遗诏立胤禛为嗣皇帝，要胤禛善待废太子与皇长子，康熙当日即病逝于畅春园。胤禛即后来的雍正帝。

康熙晚年的储位竞争十分激烈，当时康熙皇帝序齿的儿子有24个，其中有9个参与了皇位的争夺，这一事件被后人称为"九子夺嫡"。

雍正帝作为"九子夺嫡"的最大受益者，也是见证者，他吸取了康熙晚年立储的教训，创立了"秘密立储制"，具体方法是：由皇帝亲书立储谕旨一式两份，一份密封在锦匣内，安放于乾清宫"正大光明"匾后，另一份皇帝自己保存。待皇帝驾崩时，由御前大臣将两份遗旨取出，共同拆封，对证无误后当众宣布由谁继位。

乾隆、嘉庆、道光、咸丰四位皇帝也采取了这种立储方法。但到了咸丰之后，同治帝无子，皇位的继承便以慈禧太后的懿旨主导，光绪和宣统两位皇帝都是以这种形式从外藩中被选中，从而登上皇位。

总体来说，清朝的立储制度相比以往的嫡长子继承制有一定进步，颇有些"择优录取"的意思，但无论是早期的"汗王推举制"，还是后来雍正帝的"秘密建储制"，或是慈禧太后的"懿旨立储制"，都不能解开皇位继承制度的死结。此时，"家天下"已经不适应时代的发展了！

# 臣子怎么当，
## 大臣也打"小报告"

在电视剧《铁齿铜牙纪晓岚》第三部中有这样一个情节：有一天，京中的皇帝收到了一份来自山东某地知府的奏折，说当地遭遇了蝗灾，民不聊生。但当地的其他官员却从未提过此事，皇帝一时竟弄不清奏折中所言，究竟是真还是假？

在当时发生类似的事情并不意外，古代的通信技术尚不发达，皇帝身在紫禁城内，日常能接触到的官员毕竟只有少数。那时交通又不发达，官员若进京面见皇帝，耗时颇长，办事效率低，皇帝平时只能通过官员们的奏折了解全国各地的状况。

奏折是清朝重要的官方文书，也称折子、奏帖或折奏，张廷玉将其制度化。始用于清朝顺治年间，到了康熙朝成为定制，此后一直持续到清亡灭亡，共历时两百余年。

奏折起源于古代的奏疏，是臣子与皇帝沟通的重要工具。奏疏涉及的内容十分广泛，基本上与治理国家有关的一切事宜，都可以通过奏疏来表达。这种沟通方法十分有效，所以奏疏制度被中国历朝历代所沿袭，但在不同时期，其称呼也各不相同，但本质上都是同一种东西。

古代很多记载中对奏疏都有提及，宋欧阳修《太尉文正王公神道碑铭》载："其后公薨，史官修真宗实录，得内出奏章，乃知朝廷之士，多公所荐者。"清代小说《花月痕》第三七回写道："经略笑道：'喜事重重！'便向折匣中取出一本奏折，递给荷生。"

根据奏折中所涉及的内容不同，奏折又可以分为很多种类，比较常见的是陈述事情的奏事折，还有请安、谢恩等礼节方面的奏安折、谢恩折等。雍正帝曾说："本章所不能尽

紫光阁功臣像阿桂

者，则奏折可以详陈；而朕谕旨所不能尽者，亦可于奏折中详悉批示，以定行止。"

奏折在早期没有严格的行文及使用限制，各地官员均可给皇帝上奏折。奏折的内容是严格保密的，在清初曾延续明朝的题奏本制度，但因保密性差和效率低下而取消。后来，在奏折的使用过程中，逐渐形成了一套严密的保密规范：

一、上奏折的人必须亲自书写，一般不许他人代笔，写成后不得外传，否则治罪。

二、宫中会分发给官员专用的皮匣与钥匙，专门用作储藏和传递奏折。

三、地方重要的官员，如总督、巡抚等，这些人的折子可以直接送到皇帝面前，无须中转；而一般官员的折子，则由大臣代呈，但这些大臣不可以私自观看奏折内容。

雍正七年（1729）的时候，还增加了"副本制度"。就是把皇帝批阅过的奏折再由军机处誊录一份，称为"录副奏折"。一部分比较重要的奏折，比如一些涉及国家机密的折子，会被皇帝留在宫中，称为"留中"。凡留中的奏折，一般不朱批，不录副，也不发抄，过后以原折交军机处归档，故亦称作"原折"。

总的来说，奏折的诞生，大大提高了清政府的工作效率，有利于朝廷对全国时局的掌控。因为奏折保密的特性，很多官员在奏折中互相检举揭发。皇帝都可以从奏折中直接了解到全国各地的状况，更可借助奏折整饬吏治，监察民情，发号施令，大大加强了皇权。清代很多重要的政策，都是皇帝在奏折中与百官反复商议之后施行的，如雍正时期的"摊丁入亩"制度。

　　然而人的精力必然是有限的，在历史上，想要把国家行政大权独揽于一身的帝王不在少数，明朝的开国皇帝朱元璋、明成祖朱棣等也曾这样做过，这两人亦是古代皇帝中著名的"工作狂"，然而后来的皇帝就未必都能如此勤勉了。

　　雍正帝也是史上著名的"工作狂"，有人计算过：雍正帝执政13年，一共写了朱批1000万字，每年只休生日和年假，平均下来他每天要手写朱批近3000字，而且他还要看60多件的题本。他每天凌晨三点半左右即起床，一直工作到第二天凌晨，每天睡不到4个小时！今天，雍正帝现存奏折有朱批汉文奏折35000余件，满文奏折7000余件。其勤勉程度令世人惊叹！

　　雍正帝曾自诩"以勤先天下""朝乾夕惕"，此绝非虚言。清宗室、史学家昭梿评价他说："宪皇在位十三载，日夜忧勤，毫无土木、声色之娱。"法国传教士杜赫德也评论他道："……他不知疲倦地热衷于政事，他为了天下百姓苍生的福乐安康夜以继日地致力于改革政弊。"

　　奏折属重要的机密档案，流传下来的不多，清代的状况稍好一点。清代奏折现存大部分保存在北京故宫博物院，属中国第一历史档案馆。其余中国国家图书馆、北京大学、台北故宫博物院、历史语言研究所（史语所）也分别存有数量不等的奏折。民间的收藏家也保留了部分清代奏折。

# 宠臣怎么当，
## 关键在于投皇帝所好

　　清朝作为封建社会的最后一个王朝，其专制主义中央集权亦达到了前所未有的顶峰。清代帝王采用种种手段将大臣们手中的权力分化，而将军政大权牢牢抓在自己手中。在这种情况下，各级官员为了获得仕途上的晋升，往往变着法地揣摩圣意，以期博得皇帝的恩宠。

　　自古以来，但凡为官者，无不希冀仕途顺畅。所谓"仕途"者，可以理解为做官的途径。清昭梿《啸亭杂录·先恭王家训》云："凡执权者，宜开人生路，不可博公直之名，致裁抑仕途，使进取之士壅滞怨望。"

　　仕途中的"仕"通"士"，中国古代平民阶级分为士农工商几个阶层，士为平民中的最高等级，简单来说就是靠读书吃饭的，而他们晋阶到上流社会的手段主要就是参加科举，早在《论语·子张》中就有"学而优则仕"的说法。

　　清朝在最初采取"八旗合议"的制度，到了顺治、康熙时期君权得到加强，在雍正、乾隆时期君权达到顶峰。但在此之后，中央过度的集权制约了官吏的主动性，清朝旧有的政治机制在清朝中期进入衰退的过程，表现为官僚政治的极端腐败，国家财政支付能力的丧失和军备的极端废弛。

在皇帝与大臣的关系上，满汉之间是存在区别的。最直接的体现是在称呼上，我们看电视剧《铁齿铜牙纪晓岚》时，就会发现，和珅在乾隆面前自称"奴才"，而纪晓岚则自称"臣"。和珅出身满洲八旗，可以自称"奴才"，但汉族出身的纪晓岚就不能自称"奴才"。此处的"奴才"显示的是与皇帝的亲近程度，没有侮辱的意思。

清朝为了缓和民族矛盾，一直都在提倡满汉官员平等，而且把满汉官员的俸禄，按照官阶品级，以相同标准发放。六部之中的官员也设立复职，即有一汉员，必有一满员。尚书、侍郎如此，司官也一样。一般说来，司官掌印为满员，办事为汉员。

清朝的官制沿袭了明朝的旧制，但有所改良。明朝废除了宰相设置内阁，削弱相权对皇权的威胁。清朝在此基础上更进一步，连内阁的权力也被其分散，从清初的议政王大臣会议到康熙时设置的南书房，再到雍正帝时的军机处，宰相的威胁彻底消失，国家大小权力集于皇帝一身。博取皇帝欢心成了官员们仕途晋升的捷径，很多官员一生热衷于此，但也并非所有人都能成功。

清朝雍正年间广东署理巡抚傅泰，坐上该职位没到半年，通过奏折给雍正疯狂打小报告，最多时一天竟递过三份，把周围官员从工作缺点到作风问题，揭了个体无完肤，一心想得到皇帝嘉奖，结果等来的却是自己被免职的文书，被雍正帝认为"才能平庸"。

　　乾隆皇帝好诗，其在位期间"文字狱"盛行，有一个叫王肇基的人，就把马屁拍到了马腿上。乾隆十六年（1751），王肇基向山西汾州府图桑阿"呈献恭颂万寿诗联"，本意是想讨皇帝欢喜，谁承想图桑阿与知府李果看后，觉得其中"语句错杂无伦，且有毁谤圣贤、狂妄悖逆之处"，结果王肇基因此被抓。

　　当然，并不是所有皇帝都喜欢被臣子奉承，很多皇帝对下面官员蓄意博取恩宠的行为都有着清醒的认识。历史上，很多奇异的自然现象都会被解释为吉兆、祥瑞之事，很多帝王都对此深信不疑，大臣们也往往以此来讨皇帝欢心，但清嘉庆皇帝就对此不屑一顾。

　　嘉庆帝曾颁谕内阁，申明："惟以时和年丰为上瑞，从不敢铺陈符应，粉饰太平。盖以人君侈语嘉祥，易启满盈之渐；不讳灾

清　佚名　《威弧中的图》

异，始知修身之方。"不过，拍马屁这种事，就算被拍的人不喜欢，恐怕也没法阻止那些拼命想要献殷勤的人，所谓"伸手不打笑脸人"即是如此。没过多久，就有官员以"五星联珠"作为吉兆上报给嘉庆帝，嘉庆帝当然不会被这种小手段蒙蔽，下旨说这些事以前的史料也有记载，我也大略懂得其算法，没什么难的，又说："此等铺陈，侈言祥瑞，近于骄泰，实为朕所不取。"

清代皇帝大多并不糊涂，一味溜须拍马终究无用，像和珅这种既有办事能力又善于揣摩圣意的人，在清代官场才能如鱼得水。然而即便如此，最终也不过落得家破人亡的下场，这就不能不引人深思了！

# 宫人怎么当，顶级
## "服务员"的生存之道

 

 

很多人分不清宦官与太监的区别，"宦官"是中国古代专供君主及其家族役使的官员，是下人，不一定是阉人，自东汉时期开始，才改由阉人担任。而太监是一种官名，到了唐朝时才由宦官出任太监。自明朝开始，太监与宦官的概念才相互混淆。

虽然历朝历代均不允许宦官干政，但因其与皇帝关系密切，深得皇帝信任，所以也可以接触到朝廷大事，有时会出现宦官专权的现象。在本质上，宦官是皇帝的亲信，他们的权力来自皇帝，实际上是皇权的延伸。

信任宦官的皇帝未必都昏庸，这里面其实有一定道理。从心理学上讲，人们通常倾向于信任身边的人，宦官在皇帝身边日夜服侍，经年累月之下，皇帝对其产生感情或信任也是自然之事。在明代，有的皇帝为了制衡大臣的权利，甚至刻意培养宦官。

## 太监

在清朝，太监成为宦官的专称。清初在太监的管理上，模仿明朝的二十四衙门设立了十三衙门。顺治末期还出现了像吴良辅这样结交外官、把持朝政的太监。顺治皇帝驾崩后，孝庄太后处死吴良辅，裁撤十三衙门。康熙朝后规定：宦官归内务府管辖，具体由敬事房管理。敬事房亦称宫殿监办处，设总管、副总管等职。康熙时总管宦官为五品，雍正时改成四品。

清朝的太监数量在乾隆时期达到巅峰，竟有三千余人。

清朝统治者鉴于明朝太监干政的教训，对太监的约束非常严格，在顺治十二年（1655），曾命工部铸成一块大铁牌，立于交泰殿门前，刻严禁太监干政上喻：

"朕今裁定内官衙门及员数职掌，法制甚明。以后但有犯法干政，窃权纳贿，嘱托内外衙门，交接满、汉官员，越分擅奏外事，上言官吏贤否者，即行凌迟处死，定不姑贷，特立铁牌，世世遵守。"

在如此严格的限制下，清朝没有出现像汉、唐、明朝时宦官专权的现象，但凭借与掌权者的亲密关系，还是产生过威风八面、名重一时的太监。除了前面提到的吴良辅外，还有安德海、李莲英等人。

安德海是咸丰皇帝身边的御前太监，聪明伶俐，深受宠信。咸丰帝病逝后，帮助慈禧太后成功夺权，立下了汗马功劳，被晋升为总管大太监，成了朝中显赫的人物，甚至还娶了当时的知名旦角为妻，在当时引起广泛争议。他恃宠而骄，连小皇帝载淳、恭亲王奕䜣等朝中大臣都不放在眼里。还挑拨同治帝和慈禧太后的关系，令

清　徐扬　《乾隆南巡图》·阅示黄淮河工

同治帝忍无可忍。

安德海借口准备皇帝婚礼，擅自去山东游玩时，同治帝密令山东巡抚丁宝桢将其处死，一时震惊清廷，曾国藩曾因此赞叹丁宝桢为"豪杰士"。

李莲英是清末最有权势的宦官，深得慈禧太后信任，为人圆滑世故，八面玲珑。在《晚清宫廷生活见闻》中刘兴桥曾对他与慈禧太后的亲密关系做过描述："每天三顿饭，早晚起居，他俩都互派太监或当面问候……在西苑、颐和园居住的时候，慈禧太后还经常来找李莲英遛弯，慈禧太后有时还把李莲英召到她的寝宫，谈些黄老长生之术，两人常常谈到深夜。"

慈禧太后病逝后，李莲英也退休了，但之后突然暴毙，死因至今仍未能确定。

## 宫女

同为宫中服役之人，宫女的地位比太监还不如。太监尚有机会掌权，宫女则在历史长河中几乎泛不起任何波澜。

宫女，又通称宫人，按其职责和地位大致可分成两类：一类是在宫中管理君主日常生活事务的人，其地位较高授予官职者被称为女官；一类是在宫中服劳役而被役使的侍婢、织婢等。

初期的宫女大多来自战败一方的女俘，从汉代开始从民间良家之中挑选美女，年龄13以上20以下，择入宫内。以后历朝历代一直延续此传统。

　　清代的宫女分为两种，一为秀女，一为宫女。在早期的时候，二者常互相混淆，到顺治时期才明确了二者的区别：秀女是八旗官员的女儿，可以选为妃嫔或指配给宗室王公大臣的子弟；宫女是内务府包衣佐领下的女子，地位较低，供内廷役使。

　　宫女入宫时的年龄一般在十三岁以上，她们入宫后的生活大多比较凄惨，其中一些会被分配到皇室人员身边服侍，剩下的则分配到宫中做些杂役类的工作，失去自由不说，工作也十分辛苦劳累。在此期间，宫女还要学习宫中的各种礼仪和规章制度，负责教他们的嬷嬷非常严厉，动辄非打即骂。宫女们的月钱也无定制，最低的4两，高的可达20两，膳食、衣服、胭脂水粉等由内务府供给，她们主要的收入还是平日各宫的赏赐。

　　宫女要一直在宫中服役到25至30岁才会被放出宫，有的宫女因为"帝后得用，仍留宫承伺十年"，出宫时已人老珠黄，连婚配都困难。

　　总的来说，无论是宦官制度还是宫女制度，都是封建社会阶级制度的产物，随着封建社会的终结，它们也消失在了历史的长河中。

# 武士怎么当，
## 摔跤也能成为行业

　　"摔跤"这种运动在中国可谓历史悠久，据南朝人任昉著的《述异记》中记载："秦汉间说，蚩尤氏耳鬓如剑戟，头有角，与轩辕斗，以角抵人，人不能向。今冀州有乐名蚩尤戏，其两两三三，头戴牛角以相抵，汉造角抵戏，盖其遗制也。"实际上，从内容上看，这种"蚩尤戏"就是古代摔跤运动中的一种。

　　《礼记·月令》中记载："孟冬之月……天子乃命将帅讲武，习射御角力。"这里面提到的"角力"，实际也是一种摔跤类的运动。《汉书·刑法志》记载说："春秋之后，灭弱吞小，并为战国，稍增讲武之礼，以为戏乐，用相夸视，而秦更名角抵。"

　　在四大名著之一的《水浒传》里，梁山一百单八将中的"浪子"燕青、"没面目"焦挺都是著名的摔跤高手，连李逵都不是他们二人的对手。

　　在清代，摔跤在满语中称为"布库"，也叫撩脚或撩跤、掼跤。着短袖跤衣，摔倒着地即分输赢。有记载："布库，并谓之撩脚，本徒手相搏，而专赌脚力，胜败以仆地为定。其人皆白布短衫、窄袖，而领及襟率用七、八层密缝之，使坚韧不可碎。初则两两作势，各欲伺隙取胜，继则互相扭结，以足相掠，稍一失，即拉然仆矣。"

清王室昭梿所著的《啸亭杂录》卷二中记载清人与蒙古人摔跤："布库不如御前人，而诈马乃其长技也"。在故宫博物院珍藏的《塞宴四事图》描绘了当时摔跤的激烈场面，在图上有乾隆的御制诗四首和序。

梁章钜《南省公余录》也记载当时蒙古人摔跤已不如从前，比赛中清廷摔跤手总占上风，摔跤技术超过蒙古摔跤手。乾隆帝为此曾自豪地作诗曰"从今蒙古类，无一不王臣"。

随着时间的推移，摔跤这种运动已不局限于统治阶层，逐渐发展到民间。可能是这种运动太过流行，清政府甚至还设立了专门的机构对其进行管理，名曰"善扑处"，后又改为"善扑营"，由王公贵族轮流兼管事务。

康熙帝还曾用善扑营大杀俄国人的威风，清人吴熊光的《伊江笔录》有云："康熙间俄罗斯贡使入京，仁圣（康熙皇帝）令善扑处有力者在馆伺候。凡俄国一使一役外出，必有一善扑者随之。俄人虽高大强壮，而两股用布束缚，举足不灵，偶出扰民，善扑者从其后踢之，辄仆地不能起。以此凛然守法。"

《北京竹枝词》诗中这样描写善扑营中的摔跤手："布靴宽袖夜方归，善扑营中个个肥，燕额虎头当自笑，但能相搏不能飞。"

关于"善扑营"的起源，还有一种说法。在年少的康熙帝继位后，皇帝并不能真正掌握朝政大权。朝廷事务掌握在顺治帝临终前任命的四位辅臣索尼、苏克萨哈、遏必隆、鳌拜手中，在这四人中，又以鳌拜最为擅权。鳌拜战功赫赫，号称"满洲第一勇士"，但他居功自傲，野心勃勃。在辅政大臣中，他虽位在最末，却不甘人后，处处越位抓权，与另一位辅政大臣跟苏克萨哈矛盾尖锐。

康熙六年（1667），局面出现了变化，四辅臣中的索尼病故。七月，十四岁的康熙帝正式亲政。然而，康熙帝此时的亲政有些有名无实。因为仅十天后，鳌拜就擅自杀死了与他不和的苏克萨哈，这无疑对皇权是一种挑衅，胆大妄为之极。不仅如此，鳌拜还把持了朝政，六部官员中几乎没人敢对他的决定提出异议，这自然威胁到康熙帝手中的皇权。在历史上有一个规律：当臣子手中的权力对皇帝构成威胁时，要么臣子没好场，要么皇帝没好下场。康熙与鳌拜之间也不例外。

康熙帝当然不

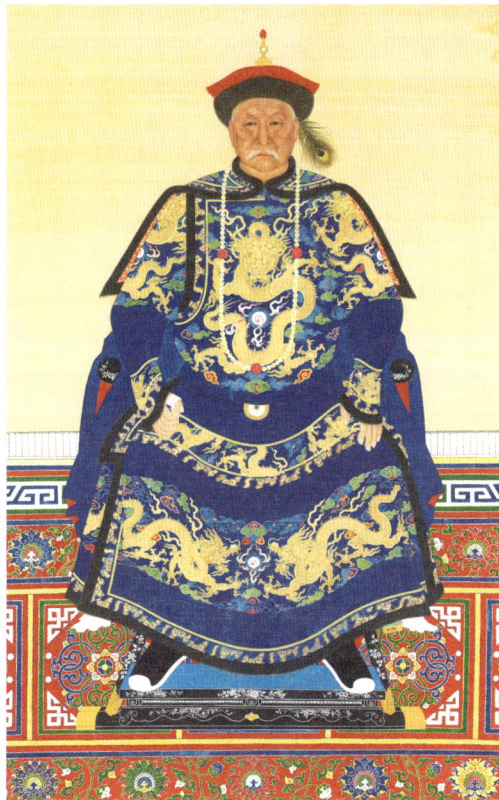

鳌拜像

希望自己没好下场，所以决定先发制人，除掉鳌拜。但此时鳌拜党羽众多，势力强大，为避免计划泄露，康熙帝决定先示之以弱，令对方麻痹大意。他从八旗子弟中挑选一批身强力壮的亲贵少年，整日在宫中练习摔跤。鳌拜见到后，以为康熙少年心性，贪图玩乐，于是不加提防。

康熙八年（1669）五月，康熙先将鳌拜的亲信派往各地，离开京城，又以自己的亲信掌握了京师的卫戍权。在鳌拜觐见的时候，令一直练习布库的少年们一拥而上，将鳌拜抓住。接着，又命议政王大臣等审讯鳌拜。大臣们审实后，宣布鳌拜30条罪状，应处以革职、立斩，后念其功劳改为监禁。

为纪念此事，在康熙的亲自提倡下，宫中每遇有年节喜庆、礼宾集会和时令假节之时，皇家就要在大庭广众中进行摔跤表演，胜者皇帝赐酒。《镶归田琐记》记载："康熙初，用此收鳌拜，故至今宫中年节宴，必习演之。"

在《清史稿》中，对康熙时的四位辅政大臣都有评价："四辅臣当国时，改世祖之政，必举太祖、太宗以为辞。然世祖罢明季三饷，四辅臣时复徵练饷，并令并入地丁考成。此非太祖、太宗旧制然也，则又将何辞？索尼忠于事主，始终一节，锡以美谥，诚无愧焉。苏克萨哈见忌同列，遂致覆宗。遏必隆党比求全，几及于祸。鳌拜多戮无辜，功不掩罪。圣祖不加诛殛，亦云幸矣。"

四人性格不同，结局也各异，比起学摔跤，更重要的是学习如何做人，否则就算号称"满洲第一勇士"也不过是惨淡收场。

# 花钱买命，
## 清朝"潜规则"宰白鸭

所谓"宰白鸭"，就是有钱、有权、有势的大户人家里遇到人命官司时，以收买贫寒子弟或无业游民来顶替真正的凶手去认罪伏法。因为这些冒名顶替者是为了钱财而主动去送死，就好像是因贪利而被人任意宰杀的白鸭一样，因此称为"宰白鸭"。

清人陈其元在《庸闲斋笔记》中，就有"宰白鸭"相关的记载："福建漳、泉二府，顶凶之案极多，富户杀人，出多金给贫者，代之抵死，虽有廉明之官，率受其蔽，所谓'宰白鸭'。"

"宰白鸭"的现象最早出现于乾隆时期的福建、广东等地，到了清朝中后期渐渐扩大到全国。很多官员对"宰白鸭"的现象十分清楚，但在审案时为避免多生事端，连累自己，往往睁一只眼闭一只眼。

在康熙年间，文人方苞因"文字狱"被捕，他将在狱中的见闻写成《狱中杂记》，其中就记载了一件"宰白鸭"事件，说的是一对兄弟犯了法将要被处死，一个书吏收了他们一千两银子，找了两个人代替他们俩去送死。

众所周知,死刑犯是朝廷重犯,那么,有人会问:"这个书吏居然敢掉包死刑犯,难道就不怕事情泄露,牵连到自己吗?"在书中,那个书吏对此作出了解释,他说:"一旦暴露,我们固然是要被判死刑,主审官也要负连带责任,难免罢官。你放心,他断断不会为了两条人命毁了自己的前途的。"书吏的这段话道出了很多官员的为官之道:事不关己,高高挂起;事若关己,即使草菅人命,也要视而不见,尽力掩盖!

在整个清代最著名的"宰白鸭"事件,要数清朝末年胡体安的案子。

《清稗类钞》记载,"光绪年间,河南多盗","州县故广置胥役以捕盗,有多至数千人者",然而有些大盗就藏身在这些追捕盗贼的胥役之中,胡体安就是其中一个。

胡体安一次抢了一个大户人家,结果踢到了铁板,既然是大户人家,又怎会毫无门路,任人欺负?对方将他告到省里,当时的河南巡抚涂宗瀛下令抓捕胡体安。胡体安便想办法让他的家童王树汶做"白鸭"代替自己入狱,王树汶虽然只有15岁,但又不傻,坚决不同意,结果被胡体安勾结胥役,严刑拷打,并欺骗他不会判死刑,王树汶受刑不过,只得同意。

结果王树汶被审问之后,判了死刑他在被押赴市曹的时候,才发觉上当受骗。王树汶大声呼冤,声称自己并非胡体安,但却无人理睬,周围百姓纷纷丢石块砸他,驾车的骡子此时受惊,突然狂奔,驾车的人无论如何也拦不住,一直跑到城隍庙才停下来。百姓大为惊讶,认为冥冥中有鬼神庇佑。监斩官陆惺见事有蹊跷,便下令停止行刑，报告到河南巡抚涂宗瀛那里，重新进行审理。

涂宗瀛是一个正直的官员，他下令重新审理此案。王树汶至此才有辩解的机会，他自己原来居住在邓州，家中还有一个父亲叫王季福，涂宗瀛得知此事后，马上发函给邓州牧知府朱光第，命他将王季福找到送来。

然而不巧的是，就在朱光第与王季福前来开封的过程中，涂宗瀛却奉诏升任湖广总督，离开了开封。涂宗瀛离任后，河道总督李鹤年继任河南巡抚，负责审理此案。这时，一个叫任恺的人出现了，他曾经做过南阳知府，参与过王树汶案件的审理，他害怕真相公布后会连累到自己，于是给朱光第写信，希望他不要去找王季福。

朱光第不为所动，正气凛然地回复他说："民命至重，吾安能顾惜此官以陷无辜耶！"最终，朱光第将王季福带到，王树汶得以父子相认。但任恺是李鹤年的人，李鹤年为了包庇他，坚持按照《大清律》中"盗不分首从，皆立斩"的条文，要杀死王树汶灭口。此事在民间闹得沸沸扬扬，朝中有御史上书弹劾李鹤年，事情闹到了慈禧太后那里，慈禧太后派东河总督梅启照为钦差大臣，奔赴河南重新审理此案。

结果，因为当时的官员大部分都是李鹤年的门生故吏，他们不敢违背李鹤年的意思，梅启照这个人也是没骨气的，竟然同意了李鹤年之前的判决，认为王树汶当斩，顿时招来一片骂声。清廷随即又派刑部尚书潘祖荫接手这个案子，李鹤年则派人进京，游说潘祖荫，结果又维持原判。但此时潘祖荫因为母亲病逝，丁忧回家，张之万继任为刑部尚书。

　　张之万是涂宗瀛的朋友，在他的坚持下，案子终于翻了过来，王树汶无罪释放。不过，此事虽然闹得轰轰烈烈，但最终被严办的只有两个人，即县令马翥和知府马承修，被判革职戍边。其余诸如李鹤年等人"皆降革有差"。

　　而这件案子的始作俑者胡体安，竟改名换姓，逍遥法外。更可气的是，正直无私的邓州知府朱光第，因为在本案中得罪了李鹤年，被李鹤年打击报复，以其他的事情弹劾，竟被朝廷罢了官，因

为他为官清廉，竟连回家的路费也凑不齐，死在了回家的路上。试问如此世道，天理何在？

据说朝廷之所以最终下决心给王树汶平反，是因为一位学士在三法司会稿后面写的一句话起了重要作用："长大吏草菅人命之风，其患犹浅；启疆臣藐视朝廷之渐，其患实深。"清朝统治者关心的并非百姓的死活，而是担心一旦草菅人命之风兴起，官吏便会因此蔑视朝廷！

幼逆洪福瑱就擒图

第六章　学

# 范进所中的"举"属于
## 科举考试中的哪一种

吴敬梓在《范进中举》一文中，向我们详细地描述了范进这个穷书生在中举前后发生的巨大变化。读完不禁好奇，这范进到底中的是什么"举"，让人对他的态度前后发生这么大的改变？这还要从清朝的科举制度说起。

清朝的科举制度沿袭明朝的科举制度，分为童试和正式考试。如果想考取功名需要经过考取生员、考取举人、考取进士这三个步骤。

### 童试

想要考取生员，考生必须要参加童试。童试里的"童"可不是指未成年的童子，而是指来参加考试的"童生"或"儒童"，不管你是十多岁的少年，还是六七十岁的老人，只要你来参加这种级别的考试，就被称为"童试"。就像《儒林外史》中的周进，都六十多岁了，还没中过秀才，所以也被称为"童生"。"童试"要经过县试、府试、院试三次考试。

县试：是"童试"的第一阶段，一般在二月份，由本地的知县主持。要有本县的廪生做担保，才能参加考试。考试的内容一般为八股文、诗赋、策论等。

县试通常共试五场，不过也有四场或六七场的，每天考一场，每天黎明前点名入场，当天交卷。第一场是正场，试《四书》文两篇，还要做五言六韵试贴诗一首，对格式和字数有一些限制，县试第一名被称为县案首。剩下的几场，考生可自愿参加。

府试：如果你通过了县试，那么恭喜你，你已经成功在科举的道路上迈出了第一步，接下来就可以参加府试了。府试一般在四月份举行，考试的地点一般选在管辖本县的府中，考官也升级了，通常由知府主持。其报名和考试程序与县试类似，不过有正式考试资格的保人要两个。通过府试的人便可以称为"童生"，第一名被称为府案首，接下来就可以参加由各省学政或学道主持的院试了。

院试：也称"道试"，是"童试"的最后一关，只要通过了这场考试，就打开了通向科举功名的大门。院试在府城或直属省的州治所举行，由主管一省诸儒生事务的学政主持，清朝著名才子纪晓岚就曾担任过提督学政，晚清名臣张之洞也担任过这一职位。

通过院试的童生都被称为"生员"，就是我们俗称的"秀才"，算是有了"功名"，可以享受一些特殊的福利待遇，比如免除差徭，见知县不跪、不能随便用刑等。秀才之中也有层次之分，有三等：成绩最好的称"廪生"，由公家按月发给粮食；其次称"增生"，不供给粮食，"廪生"和"增生"是有一定名额的；三是"附生"，即才入学的附学生员。

状元游街

### 正式考试

正式考试又分为乡试、会试、殿试三场。

乡试："乡试"是省一级的考试，由皇帝钦点的官员主持，通过乡试的秀才，可以称为"举人"。这是科举之路上非常重要的一步，清代小说家蒲松龄在《聊斋志异·姊妹易嫁》中就曾说过："秀才宜自爱，终当作解首。"如果说通过之前的那些考试，你的身份还只是学生的话，那么通过乡试后，就有做官的资格了。这时候就有两种选择，一是继续参加更高级的考试，二是出来做官。当然，此时出来做官的话，只能是候补，一般也不会有太好的职位。

乡试在九月发榜，正是桂花飘香的时候，所以也有"桂花榜"一说。乡试的第一名称为解元，明朝的才子唐伯虎在乡试中就考了第一名，所以当时很多人也称他为"唐解元"；第二名称为亚元，第三、四、五名称为经魁，第六名称为亚魁，其余称为文魁。只要乡试被录取就被称为"举人"，这个举人就是范进所中的"举"。

为什么范进中举前后别人对他的态度差别那么大呢？主要是新科举人第二年就可以去京城参加礼部的会试，如果会试通过就是进士，考中的进士就意味着可以获得高官厚禄，开始飞黄腾达了。此外清朝规定，如果举人考进士试三科不中，可以去吏部应选，好的可以被授予知县，其余的可以做教官等职务，也就是说，只要中了举人就可以当官了。即便不去当官，中举后依靠举人这个身份也可以结交官府，还可以包揽词讼，这也是范进中举前后人们态度发生天壤之别的根本原因。

会试："会试"是全国范围内的考试，由礼部主持，全国的考生汇集一堂，考试的地点一般选在京师，现存的会试场所保存的最完整的就是南京的夫子庙。可以想象，会试的难度有多大，丝毫不亚于今天的高考。晚清时名臣曾国藩的科举之路就被会试卡住，考了三次才通过，左宗棠更差，考了三次都没通过，后来另辟蹊径，靠剿灭太平军才做了官。

会试的录取者称为"贡士"，第一名称为"会元"。清朝初期的贡士是不需要复试的，到嘉庆时复试才成为定制。复试取得等级者可以参加殿试。

殿试：如果你已经通过了会试，那么恭喜你，此时的你已经在全国的读书人中脱颖而出，接下来的科举之路只剩最后一关了，就是"殿试"。殿试也称"御试""廷试"。殿试的内容只考策问，由内阁选题，最终交由皇帝定夺，并由皇帝亲自主持考试。

殿试所考验的，已经不止是学问了，心理素质也是重点。清朝时殿试的场所一般为紫禁城中的太和殿，这可是宫禁之地！可以想象，参加殿试的士子们踏进这个地方时会有多紧张，更何况面对的还是皇帝与朝中高官。如果到时大脑一片空白，连自己姓什么都忘了，或者紧张得汗流浃背，说话结结巴巴，答非所问，恐怕再好的才学也会被淘汰。

殿试的录取者几乎都是读书人中的精英，其名次分为三甲，一甲最高，人数也最少，只有三名，依次为状元、榜眼、探花，赐进士及第。一甲中的这三个名次是古代读书人在科举之路上的最高追求，其风光程度比今天的高考状元强多了。二甲若干名，为赐进士出身，晚清学霸李鸿章在殿试的成绩是二甲三十六名，这是什么概念呢？就相当于在全国的考生中排第39名，可以说是非常出众了。三甲若干人，赐同进士出身，曾国藩殿试的成绩是三甲第四十二名，比起李鸿章来就差一些了。通过殿试之后，科举考试的功名也就走到了尽头，接下来就是进入官场拼搏了。

# 清朝那些稀奇
## 古怪的科举考题

　　如果让你以"君夫人阳货欲"为题写一篇文章，你准备怎么写？估计你在短暂的意会后，就洋洋洒洒地开始畅所欲言了。其实这是清朝咸丰五年（1855）俞樾任河南学政时，出的一道科举考试题目，另外还有两个是"王速出令反"和"二三子何患乎无君我"。

　　看到这些题目你是不是丈二和尚摸不着头脑啊？其实这都怪当时的科举制度。因为古代的科举考试要先考"经义"，也就是考查大家对"四书五经"的理解。根据古代的科举制度这一场的考试要从"四书五经"里面选出一句话或几句话做题目，而"四书五经"就那么几本，到清朝时科举考试已经有一千多年的历史了，很多句子已经被用过，哪儿还有什么好题目呢？

　　为了避免跟之前的考题重复，又要考题具有一定的难度，出题人也是绞尽了脑汁，于是有人便将"四书五经"中的句子截头去尾，并跟一些不同篇章的字句拼凑在一起作为考试题。俞樾的"君夫人阳货欲"就是这样的"截搭题"。

其实，"君夫人"是春秋战国时期对诸侯正妻的一个尊称，它出自《论语·季氏》中的"邦君之妻，君称之曰夫人，夫人自称曰小童；邦人称之曰君夫人，称诸异邦曰寡小君；异邦人称之亦曰君夫人。"

而"阳货欲"这一典故则出自《论语》，阳货是春秋时期鲁国人，本是正卿季平子的家臣，但却在季平子死后将其子季恒子囚禁，在鲁国专政弄权。孔子十分不齿他的为人，不愿与他交往。阳货就想了一个办法，他给孔子送了一只小猪，因为按照当时鲁国的礼节，孔子是要去他家致谢的。我们都知道，孔子是提倡"克己复礼"的，他不会违背礼制。但孔子却非常聪明，他专门趁阳货不在家的时候去拜谢，这样既不违背礼制，也避免了和阳货见面。

如果你知道这一句话可以拆成这两个意思，你还会误解吗？同样俞樾出的另外一题"王速出令反"是出自《孟子·梁惠王》中的一句"王速出令，反其旄倪"，他是将下面一句中的"反"字提出来，跟上面一句拼起来变成了一道题，其实二者之间根本没什么实质的联系。另一题"二三子何患乎无君我"也是将《孟子·梁惠王》中的"二三子何患乎无君，我将去之"这两句凑成的一个考题。

更让人奇葩的是，即便这样拼凑的考题有人竟然从里面解出了全新的意思。有人借机弹劾俞樾，说他出的考题"君夫人阳货欲"太戏侮；"王速出令反"则有鼓动造反的意思；"二三子何患乎无君我"是"无君而有我"，是想要篡位的意思。这个弹劾可谓是字字诛心，简直想要俞樾的命啊。

清　丁观鹏　《墨妙珠林册》

刘知几字子元弱冠举进士登圣中
诏九品乙上各言时政知几上陈四
事词甚切直景还左史擢凤阁舍人
景龙初转太子中允仍修国史时监
修者多知几奏记萧至忠言五不可
又著史通二十卷景云中迁太子左
庶子兼崇文馆学士开元初为左散
骑常侍在史职二十年

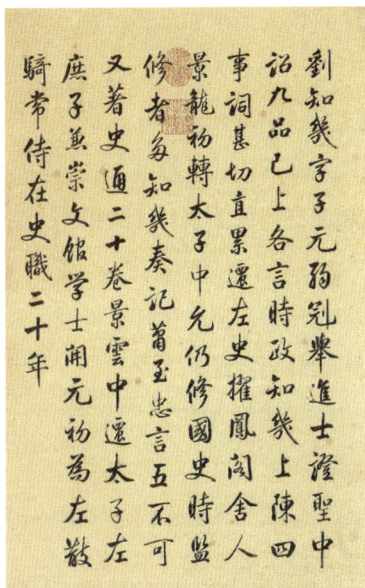

俞樾只是一个古板的读书人，因一句"落花春仍在"被主考官曾国藩赏识，并极力将他推荐给咸丰皇帝，咸丰皇帝召见的时候，因其谈吐不俗、博学多才，将他当作一个堪当大任的人才。

可能是"人红是非多"吧，虽然他在出题的时候根本没有那样的意思，但管不住别人那样想啊，最后他被革去了职，并且说永不再叙用，还好他的命保住了。不再做官的俞樾开始专心做学问，最终成为一代经学大师，并且还教出了如章炳麟（章太炎）、徐琪、吴昌硕等一众学者。

其实在清朝，因为那样奇葩的科举制度在，类似这样奇葩的考题还很多。比如"乃是人而可以不如鸟乎？诗云：穆穆文王"，这个考题的前半句出自《大学·中庸》中的"诗云：'缗蛮黄鸟，止于丘隅。'子曰：'于止知其所止，可以人而不如鸟乎？'"意思是连鸟都知道自己应该停留在什么地方，难道人还不如鸟吗？考题的后半句出自《诗经》中的"穆穆文王，于缉熙敬止"，意思就是周文王仪表堂堂端庄而恭敬，行事光明磊落，让人尊敬。这两句放在一起是什么意思呢？难道周文王和鸟有什么关系？真的很让人费解啊。

这样考题虽然很偏，但是如果知道出处，至少还有话可说，像这样单独一个"二"字的考题要从何说起呢？是一加一等于二吗？如果不是，那又是从"四书五经"里那句话截出的呢？要知道"四书五经"中"二"有很多个，到底是哪个？

没想到这么奇葩的考题居然被许虬（顺治十五年的进士）答出了，你知道他是怎么解出的吗？他从出题人的意图入手，推测出这个"二"是《论语》中的那句"二，吾犹不足，如之何其彻也"中的"二"，这句话的意思是现在收十分之二的税，我都还不够用，怎么能只收十分之一呢？

奇葩的考题还很多，比如"礼云玉""项羽拿破仑论"，如果你去参加科举考试，将怎样去论述呢？

# 临池研墨，清代文学
## 惊艳了谁的时光

　　在文学领域，中国历朝历代都有各自的巅峰领域，比如先秦的诸子散文、汉代的赋、唐诗、宋词、元曲、明清小说等。但这只是基础的说法，并不能一概而论，比如宋代的诗，虽然成就及不上唐代，但对后世的影响依然很大，是中国古代文学领域的重要组成部分。清代的诗也是如此。

### 诗

　　清朝诗社十分盛行，诗社文人聚会时已不仅限于吟诗作对，挥毫作画，学术讨论亦是其活动的重要内容。

　　清代的诗在继承历朝历代诗歌成果的基础上又有所创新，清朝的诗风甚盛，以帝王、宗室为首，官方大力提倡诗学，乾隆皇帝的诗作多达四万多首，虽然水平参差不齐，但仍可以看出清代诗歌的盛行。

　　清初诗坛的主流是"遗民诗"。此时很多重要诗人都是明朝的"遗民"。满人刚入关时对汉民族的统治手段比较强硬，激起很多有志之士的不满，他们的诗歌中含有强烈的反抗精神和不屈的气节。

此时的代表诗人有顾炎武、王夫之、黄宗羲、吕留良等人。其中顾炎武学识渊博，是明末清初杰出的思想家、经学家、史地学家和音韵学家，与黄宗羲、王夫之并称为明末清初"三大儒"。

顾炎武支持南明朝廷，曾参加过抗清斗争，虽然最终失败。但其志向依然不改，他的诗《酬朱监纪四辅》中写道："十载江南事已非，与君辛苦各生归。愁看京口三军溃，痛说扬州十日围。碧血未消今战垒，白头相见旧征衣。东京朱祜年犹少，莫向尊前叹式微。"

而说到清初的诗人就不得不提钱谦益，此人虽投降清朝，节行有亏，然而其文学成就却很高，与吴伟业、龚鼎孳，称"江左三大家"。其诗集历代名家之长，才气纵横。比如这首《金陵后观棋》："寂寞枯枰响沉寥，秦淮秋老咽寒潮。白头灯影凉宵里，一局残棋见六朝。"

另外，钱谦益的侧室是明末名妓，与陈圆圆齐名的"秦淮八艳"之一的柳如是，亦是著名才女。

康熙、雍正两朝时期的第一流诗人应推王士祯，作诗提倡"神韵"，是清代"神韵派"的领袖。

乾隆时期的知名诗人很多，比如姚鼐、沈德潜、郑板桥等，但首推的还是袁枚和赵翼，赵翼的《论诗》曾入选中学语文教材。袁枚在文学领域的成就很高，与赵翼和蒋士铨合称"乾隆三大家"，又与赵翼、张问陶并称"性灵派三大家"，为"清代骈文八大家"之一。

纳兰容若像

　　袁枚的文笔与大学士直隶纪昀齐名，时称"南袁北纪"，纪昀即今天人们熟知的纪晓岚。袁枚的主要传世著作《小仓山房文集》《随园诗话》中都有作品曾入选当今的语文教材。散文代表作《祭妹文》，哀婉真挚，流传久远，古文论者将其与唐代韩愈的《祭十二郎文》并提，曾入选高中语文课本。

　　到了清晚期，时局动荡，国力衰弱，诗坛也不复之前的盛况。

值得一提的诗人是龚自珍，其《咏史》一诗向来被人称道："金粉东南十五州，万重恩怨属名流。牢盆狎客操全算，团扇才人踞上游。避席畏闻文字狱，著书都为稻粱谋。田横五百人安在？难道归来尽列侯！"其诗集《己亥杂诗》中的许多首诗都入选过今天的语文教材。

晚清诗人除了龚自珍外，还有魏源、黄遵宪、梁启超等人。还有清末民初的革命志士章太炎、秋瑾、邹容等人。

## 词

清代在词方面的成就虽及不上宋朝，但作品颇多，梁启超著《清代学术概论》，以为清代诗文皆趋衰落，独词"驾元明而上"；朱孝臧以为清词"独到之处，虽宋人也未必能企及"。

清代最知名的词人应属清中期的纳兰性德。

纳兰性德出身满洲贵族，是大学士明珠的长子。他自幼饱读诗书，文武双全，亦是著名的书法家和藏书大家。其著作《纳兰词》不但在清代词坛享有很高声誉，在整个中国文学史上也占有光彩夺目的一席之地。

近代学者王国维就给其极高赞扬："纳兰容若以自然之眼观物，以自然之舌言情。此由初入中原未染汉人风气，故能真切如此。北宋以来，一人而已。"晚清词人况周颐也在《蕙风词话》中誉其为"国初第一词手"。此处引用其《长相思·山一程》供读者体会："山一程，水一程，身向榆关那畔行，夜深千帐灯。风一更，雪一更，聒碎乡心梦不成，故园无此声。"

画

清代在绘画领域的成就不及明朝，画坛由文人画占主导地位，山水画科和水墨写意画法盛行，更多画家追求笔墨情趣，在艺术形式上有所创新，并涌现出诸多不同风格的流派。

清代山水画中知名的画家有"正统派"的四王（王时敏、王翚、王鉴和王原祁）、吴历与恽寿平，合称"清初六大家"。

清朝的宫廷画以意大利的郎世宁最著名。郎世宁是意大利米兰人，青年时就以画技闻名，曾在意大利、西班牙的多处教堂绘制壁画，还曾为葡萄牙太子作画。他以传教士的身份来到中国，在抵达中国五年后，才受到康熙帝的接见，随后以其高超的画技深得康熙帝赏识。《清史稿》中记载他："凡名马，珍禽，异草。辄命图之，无不栩栩如生。设色奇丽，非秉贞等所及。"其主要作品有《百骏图》《乾隆大阅图》《花鸟图》《百子图》《聚瑞图》等。

除以上所述外，清初朱耷、石涛的山水花鸟画，中期的"扬州八怪"，清末有任伯年、吴昌硕的仕女花鸟画及杨柳青、桃花坞和民间年画，均对后人有很大影响。

总的来说，清朝文化带有强烈的满汉融合风格，清统治者从康熙皇帝起就大力推行以儒学为代表的汉文化，清朝的学术思想也呈现明显的实用主义风气，以民为主的思想于清初也开始萌芽，西方思想又在清末传入，所以清朝的文艺作品表现出明显的兼容并包的特点，其风格多种多样，梁启超称清朝为中国的"文艺复兴时代"。

# 谴责阿哥不用功？
## 老师得去告御状

　　《三字经》中有云："养不教，父之过。"历朝历代的帝王都注重对子女的培养，清代统治者在这方面更是做到了极致。

　　清人吴振棫《养吉斋丛录》卷四云："我朝家法，皇子皇孙六岁即就外傅读书。寅刻（凌晨3—5点）至书房，先习满洲、蒙古文毕，然后习汉书。师傅入直，率以卯刻（早上5—7点）。幼稚课简，午前即退直。退迟者，至未（下午1—3点）正二刻，或至申刻（下午3—5点）。"

　　清朝十二位皇帝中从未出现过昏庸、暴虐之君，说不定就与皇子们所受的教育有很大关系。

　　清朝初期的皇帝大多文武兼备，能诗善书。比如康熙帝，他自幼身强体健，力气很大，能挽强弓，连发十三把箭，他本人也很擅长行军打仗之事。在即位之初就平定三藩之乱，在其一生中收台湾、打沙俄、征噶尔丹，立下无数战功，不能不说其强健的体魄在这些过程中发挥了重要作用。他在为皇子们选择授业老师时，要求十分严格，所选的不是汉族大儒就是满洲名臣，既要品德端正，又要博学多才，二者兼备，缺一不可。

康熙帝在培养皇子的过程中，十分注重学以致用，融会贯通。曾令太子胤礽在大臣们面前讲解儒家经典。如康熙二十六年（1687）二月十七日辰时："皇太子会讲，九卿齐集，上御乾清门。"

清朝著名政治家、理学名臣汤斌在评价太子的学业时说："太子出阁之后，每天早上都要读书，读书之后还要在皇帝面前讲解书中的内容，自古以来帝王教导太子如此辛勤的，未有如今日者。"

不止如此，康熙帝还曾当着大臣们的面对皇子所学的内容进行考核，从一摞摞经典中随手抽出几本书，令皇子们诵读。所有皇子无不"纯熟舒徐，声音朗朗"。可见其教育之功！

除了"文治"方面外，康熙帝还注重培养皇子的"武功"。据《康熙起居注》记载，康熙十八年（1679），玄烨在南苑行围，"纵虎出圈，命众驱逐，皇第五子保清亲射，中之。"

当然，从某些方面来讲，学习是一件枯燥的事，皇子们又处在年幼贪玩的时期，不可能个个都聪颖好学，做他们的老师也不是一件轻松的事，有时皇子不听话，他的老师就只好跑到皇帝那去诉苦。封建社会毕竟尊卑有别，皇子们与老师之间"虽师，臣也，虽徒，君也"。

皇子们在学习时，通常设置"伴读"陪通，"伴读"从字面意义上理解，即"陪伴读书"之意，皇子的伴读一般为世家子弟。这种做法早在宋朝时就已存在，《续资治通鉴·宋真宗咸平元年》记载："癸酉，始令诸王府记室、翊善、侍读等官分兼南北宅教授。

时又有伴读，然无定员。"

不止皇族习惯为皇子们设置伴读，在官宦人家或民间大户人家也有此习俗，《红楼梦》第二回："这女学生年纪幼小，身体又弱，工课不限多寡，其馀不过两个伴读丫鬟，故雨村十分省力。"《红楼梦》第八回："宝玉便回明贾母要约秦钟上家塾之事，自己也有个伴读的朋友。"从中可知，不止贾宝玉上家塾时有自己的伴读，林黛玉读书时也有自己的伴读丫鬟。

皇帝日常事务繁忙，皇子出生之后便由奶娘抱走，年幼时起便跟随老师学习，其师生关系十分亲密，很多皇子的老师都官位显赫，同时也充当皇子的谋士，甚至可能对皇位的继承产生重大影响。

比如咸丰帝的老师杜受田，《清史稿·杜受田传》中记载了这样一件事：有一次道光帝带着皇子们到南苑打猎，其中六阿哥奕䜣弓马娴熟，射杀的猎物最多，唯四阿哥有奕詝（后来的咸丰帝）一箭未发，道光帝问其原因时，咸丰帝早得杜受田的嘱咐，回答："时方春，鸟兽孳育，不忍伤生以干天和。"这个答案让道光帝大为满意，觉得"此真帝者之言也"。

清代皇子的老师中，知名的人物还有很多，比如：康熙帝的老师汤若望，中国今天的农历就是他在明朝历法基础上，加以修改而成的；康熙帝的另一位老师南怀仁则精通天文历法、擅长铸炮，是清初最有影响的来华传教士之一，为近代西方科学知识在中国的传播做出了重要贡献。

雍正帝的老师蒋廷锡，是清代著名的文献学家、藏书家、画家。曾任《明史》总裁及《佩文韵府》《康熙字典》《古今图书集成》等典籍总纂官，为保存和整理我国古代文献作出了重大贡献。

在清末曾担任同治、光绪两位皇帝老师的翁同龢，对晚清政局和国家命运，产生过重大的影响，被康有为誉为"中国维新第一导师"。

李鸿章也曾经担任过同治帝和光绪帝的老师，他科举成绩优异，又是北洋水师的创始人和统帅、洋务运动领袖之一，是晚清中兴名臣，被日本首相伊藤博文视为"大清帝国中唯一有能耐可和世界列强一争长短之人"，德国海军大臣柯纳德甚至称他为"东方俾斯麦"。选择这样的人作为老师，可见清代统治者对皇子教育的重视。

总体来说，清朝皇子们的老师中，大多才能出众，品行高洁，其中很多人对中国历史的发展产生过重大影响。

清　佚名　《王振鹏养正图卷》（局部）

# 手谈一局，清朝学子的另一份进阶之道

　　围棋起源于中国，古时有"弈""手谈"等多种称谓，相传为帝尧所作，晋朝人张华在他写的《博物志》中说："尧造围棋以教子丹朱。"除此之外，还有起于神农氏、黄帝、周朝、战国、南北朝等多种说法，目前尚无定论。中国古代四大艺术——"琴棋书画"中的棋，指的就是围棋。

　　今天的围棋使用长方形格状棋盘及黑白二色圆形棋子进行对弈，棋盘上有纵横各19条线段将棋盘分成361个交叉点。早期的围棋棋盘略有不同，魏邯郸淳的《艺经》上说，魏晋及其以前的"棋局纵横十七道，合二百八十九道，白、黑棋子各一百五十枚"。南北朝时期的《棋经》却载明当时的围棋棋局是"三百六十一道，仿周天之度数"，但至少证实，在这一时期，已经出现19道的围棋了。

　　围棋在下棋时，棋子走在交叉点上，双方交替行棋，落子后不能移动，以围地多者为胜。因为黑方有先行占地之利，故而规定黑方局终时要给白方贴子。然而即便如此，很多人下棋时为了在一开始就处于优势地位，常常选择执黑棋先行。

三国时期，魏、吴两国盛行围棋。魏以曹氏家族、"建安七子"为代表，曹操的围棋水平十分出众，可以和高手切磋。总的来说，魏晋时期是围棋发展的黄金时代。

唐朝玄宗时期，国力强盛，娱乐内容丰富多样。玄宗本人就十分喜欢下围棋，他还创立了翰林棋待诏制度，这是中国围棋走向专业化、职业化的标志。在盛唐的国手中，以王积薪成就最大。围棋于此时步入了第二个黄金时代。

宋朝时，统治者与文人士大夫共治天下，重文轻武之风大盛，围棋作为文人的主要爱好之一，自然大行其道，职业围棋在此时迎来了发展高潮。这时出现了历史上著名的国手刘仲甫。他是中国棋史上继盛唐朝王积薪之后的又一个界标式的人物。

元代围棋发展中最大的成果是《玄玄棋经》一书的编纂问世，本书乃是江西庐陵围棋高手严德甫与晏天章合作的杰出成果，堪称是中国古代综合型棋艺著作的光辉典范。

在明朝中后期，由于统治者的大力推动，掀起了仕宦阶层的围棋热潮。

到了清代，统治者吸收汉族文化，围棋也随之盛行起来。清初棋家高手林立，以过百龄和周懒予为最。康熙年间，最著名的国手要数黄龙士和徐星友，这两人开创了一个属于自己的时代。二人之中又以黄龙士对围棋发展的贡献最大，他转变了围棋的风格。之前的棋风像刀法，狭窄凝重；黄龙士之后，棋风像剑法，轻灵多变。徐星友曾这样评价黄龙士的棋风："寄纤秾于淡泊之中，寓神俊于形骸之外，所谓形人而我无形，庶几空诸所有，故能无所不

清　佚名　满洲家族肖像

有也。"

在此之后，清代围棋便进入了四大家时代，所谓"四大家"，即梁（魏今）、程（兰如）、范（西屏）、施（定庵）四家。从技术上说，中国围棋已经攀登上了座子时代的最高峰。他们四人在中国围棋史上享有无比崇高的地位。施定庵和范西屏在乾隆年间所对弈的《当湖十局》，是中国围棋历史上著名的经典，被誉为"旧式对子局的高峰"。

范西屏著有《桃花泉弈谱》二卷，是我国历史上最有影响、价值最大的古谱之一，这本书内容异常丰富、全面，难得的是，书中并不一味承袭古人的思路，提出了许多独到的见解。此书在当年刚一出版，便引起了轰动。

围棋被认为是世界上最复杂的棋盘游戏，双方相争，需要复杂的谋略与精密的计算。施定庵在《自题诗》中写道："弗思而应诚多败，信手频挥更鲜谋，不向静中参妙理，纵然颖悟也虚浮。"

南宋的围棋专著《忘忧清乐集》曾记载一幅名叫《呕血谱》的棋谱，相传是宋代国手刘仲甫在骊山遇一老妪，与其对弈，结果被杀得大败，吐血数升。传说此老妪乃山中仙人，所以此谱也被叫作《遇仙图》。此事夸张成分甚多，然而也可以领略对弈双方竞争之激烈。宋代文豪苏轼形容自己下棋时曾说"胜故欣然败亦喜"，金庸先生对此评价说其争胜之心不足，所以苏轼虽多才多艺，但在棋艺方面，却成就平平。

在道光之后，清朝国势由强转弱，围棋事业亦一蹶不振。虽时有国手出世，然终究无法达到康乾时期的成就。清朝末年的围棋高手首推陈子仙和周小松，陈子仙在当时被推为海内第一，有人曾评价"围棋施、范而后，以陈子仙为最著"。

周小松在围棋上的实战经验相当丰富，他曾游历全国，与各地的高手较量，其中只有陈子仙能与他不相上下。相传曾国藩曾请周小松去下棋，周让他九子，然后把他的棋分割成九块，每块都仅能成活，曾国藩大怒，把周小松赶出了大门。

在周小松去世后，中国的围棋便开始衰落，经历了长时间的黑暗，到了新中国成立后才又见起色。

# "高考" 绿色通道，
## 聊聊捐纳制度

在封建社会，历来都存在买官卖官的现象，美其名曰捐纳，又叫赀选、开纳，有时也称捐输、捐例。早在秦朝的时候就有相关的记载："秦得天下，始令民纳粟，赐以爵。"汉武帝时进一步鼓励捐纳，出卖更具吸引力的官职，"卖官鬻爵"合为一体。

东汉时，曹操的父亲曹嵩竟买到了三公之首的太尉一职！在之后的唐、宋、元、明等时期，捐纳也不同程度地存在。

在清朝，捐纳的现象不止没有收敛，反而愈演愈烈，成为清朝选拔官员的一个重要制度，甚至可以与科举制度相提并论，《清史稿》记载："清制，入官重正途，自捐例开，官吏乃以资进。"

在捐纳制度中，虽然捐官之人要统一赀证，乡邻要具结担保，当地要给他开籍贯和清白册，但这些东西都可以人为操纵。很多地主、富商、地方豪绅纷纷加入捐纳的行列，连一些流氓、盗贼也开始捐官，更有甚者，连和尚、道士也跑来捐官！据史载："嘉庆二十年，五月丁亥，刑部疏，审明知府王树勋即僧明心，蒙混捐保

清 佚名 职官像

职官。得旨：枷号两个月，遣戍黑龙江。"

除此以外，有三类人不得捐官，一是从事低贱职业者如巫、娼、剃头、戏子等；二是家奴；三是祖父一辈有重罪者。捐纳的职位以中下级为主，情况最严重的时候，朝廷中竟有高达六成的官员都出自捐纳！

至于清朝捐纳盛行的原因，《清史稿》中虽有提及，"其始固以搜罗异途人才，补科目所不及"，但归根结底还是财政需要。康熙五十年（1711）以后，"盛世滋生人丁，永不加赋"，到雍正帝实行"摊丁入亩"，人头税告别历史舞台。民间的耕地并非无穷无尽，朝廷的税收也基本都是有定数的，如果遇到意外情况，比如打仗或者闹灾荒，那么朝廷的财政就会匮乏，想办法增加收入是必然的事。

清朝对需要捐纳的情形有严格规定，即所谓"例捐"，大概有五项：军需、河工、赈灾、营田开荒、海防。可以看出，捐纳的大部分用途都是民生需要，捐纳之事由户部主管，收到的钱统一存入国库，到后来一部分钱也可以用于地方。

清政府对捐纳的职位也有详细考量，官方宣称："异途经保举，亦同正途，但不得考选科、道。非科甲正途，不为翰、詹及吏、礼二部官。"这即是说，首先，吏部和礼部的官位是不可以捐纳的；其次，京官中尚书和侍郎这类重要职位也是不可以捐的；最后，在地方上，总督、巡抚、布政使这些重要职位也不可以捐，只能捐道、府、县等级别的官职。

清朝的捐纳是明码标价的，在不同时期其价位也不同。比如乾隆三十九年（1774）的价钱：郎中五品官，银9600两；主事六品官银4620两；道员四品官银16400两；知府四品官银13300两……以下依官位不同，还有6000多、4000多，甚至几百两的。

到了光绪年间，捐纳的价格已大幅下降：郎中2073两，主事1728两，道员4723两，知府3830两，同知1474两，知县999两，县丞210两。相比于乾隆时期，捐纳的价格几乎打了个五折。为什么会有这种的变化呢？实则因为捐的官职太多了！很多人捐了官以后根本无法上任，甚至有的人捐纳之后一直到死都等不到一个缺儿！清政府管理的范围就那么大，突然增加了大量官职，哪有这么多空位子留给这些人呢？

捐纳的盛行，导致清朝官员贪污腐败的现象十分严重，买一个知县要4600两银子，知县的薪俸是60两银子。官员上任之后，自然大肆搜刮，以图收回本钱，但却因此令百姓苦不堪言，激化了社会矛盾。

《清稗类钞》记载，浙江山阴县有一个叫蒋渊如的人，做梦都想买一个知县当，可他家里实在太穷，就找来几个人，凑一笔钱买了个知县。按照事前的约定，出钱最多的蒋渊如担任知县，出钱第二多的唐文卿做刑名师爷，其他人则分别担任不同职务。几人在做了官之后，"舞文弄法，狼狈为奸，辇部民之金以入邑廨者岁可以二十余万"，大肆掠夺民脂民膏，每年竟能赚到二十多万两银子！三年后遭到检举揭发，全部被革除职务。

清朝有的皇帝也意识到了这种弊端，曾叫停过捐纳制度，但由于财政紧缺，之后又将其重启。在乾隆、道光、咸丰三人中，道光帝坚持停捐政策的时间最长，为七年；乾隆帝停捐了三年；咸丰帝当年宣布停捐，没等过年即因太平军崛起而恢复捐纳。咸丰即位之初，罢免庸臣，整肃朝风，广开言路，作风节俭，颇有明君风范，但此时的清王朝已经积重难返了。

不过，需要指出的是，由捐纳产生的官员也不全是平庸无能、贪污腐化之辈，很多捐员本身就是读书人，"怀理繁治剧之才，抱御侮折冲之器"。比如鸦片战争时期抗击英国侵略者的民族英雄、著名的"定海三总兵"之一王锡朋，在嘉庆年间中武举，纳粟捐升游击，后因功升至总兵。

还有清末推行维新变法运动的维新派志士，号称"戊戌六君子"之一的杨深秀，在同治初年，也曾以举人纳赀为刑部员外郎。

# 学优则仕，有些晋升
## 可不是什么好事儿

  清朝的皇帝权力异常强大，中央集权此时已发展到顶峰。清朝统治者为了限制大臣的权力，建立了一套有别于以前各朝的官制，力求最大限度地分散官员手中的权力，其官制一共有九品十八个级别，其中又细分为中央和地方两个部分。

  在入关前皇太极曾设立文馆，后扩展为三院，顺治时正式称为内阁。虽名为内阁，但却与明朝时期的内阁相去甚远，参政议政的权力已被大大削弱，到了康熙时期，内阁只不过负责一般例行的票拟。雍正时设立军机处"掌军国大政，以赞机务"，内阁根本无法对其进行干预。

  明朝时，官员仕途晋升的最终目标就是进入内阁，称为首辅。李东阳、严嵩、张居正等人都曾身居内阁首辅之位。清代时，内阁的首辅大学士以及协办大学士都被称为中堂，即宰相的别称，但实权则由军机处掌握。军机处这一形式十分特殊，其中的军机大臣既无品级，也无俸禄。军机大臣之任命，也没有固定的规章制度，完全出于皇帝的自由意志。不过，在清代形式上内阁依然是中央最高行政机构，进入内阁依然是众多官员的追求。

清代对官员的晋升要求非常严格，如果一个人的出身不好，比如曾是八旗旗户的下人，或者汉人中的家奴、长随，以及出身娼家、隶卒等人，均不得入仕。所以，小说《鹿鼎记》中的韦小宝在清代是不可能做官的，因为他出身扬州丽春院，他的母亲是妓女。

那么，官员的出身可以作假吗？很难！尤其是地方官，凡是重要一点的职位，吏部都要派人去核实官员的身份，出身不正、冒名顶替、弄虚作假等一概行不通；除此以外，还要核查有没有未了结的民事或是刑事案件；又比如亲属过世，如没有服丧满二十七个月，除了皇帝特旨外，一切授官、升官、调任等一概停止。

在验看合格后，还要重新填写官员的个人履历交吏部备案，然后才能授予官职。如果官员在晋升时被查出存在上述情况，不只无法晋升，还会受到惩处。

与其他朝代一样，清代大多数官员的晋升也讲究论资排辈。清代各职官，都有俸期（和工龄类似）的规定，一般为三年。吏部选官必须要考查其俸期，无论京官还是外官，其俸期都要计算准确。比如，前任卸职之后、新任来到之前，本身交代未清、因病以及往返候缺日期，都要扣除。"凡裁缺、回避、丁忧服满、终养事毕补缺后仍准接算前俸"。

清代对官员还设有回避制度，即亲属不能在同一衙门任职，清代的回避制度可谓历朝历代最成熟和全面的。在回避的规则上，一般来讲，官小者回避官大者，同官则后来者回避；官员不能在原籍或是现在居住地任职，一般都要超过五百里以外才行；户部、刑部以及都察院十五道御史，都要令其回避原籍，等等。

吏部对回避制度考核严谨，在官员晋升时一旦出现这种情况，或者重新考察授予其他官职，或者直接取消该官员的晋升。

在清代，参加科举是汉人入朝为官的主要途径。科举中成绩最优者为状元，但奇怪的是，清朝的很多状元的仕途并不如意。在清朝200多年的历史上，一共诞生了114位状元，其数量可谓多矣！然而这些人中官至殿阁大学士的只有14人，比例仅为12%左右。

如果说内阁为朝廷中枢，竞争激烈，那么部院和地方上的情况又如何呢？清代的状元中成为部院大臣的有21人，在地方上官至巡抚总督的只有6人。这其中还要包含特殊情况，乾隆皇帝爱惜人才，对状元大加提拔重用。终其一朝7名状元成为部院大臣，1名状元官至总督巡抚级别。

连状元们的仕途都如此艰辛，科举中其他人的命运就可想而知了，尤其是那些科举考试中落榜的人。但清廷还给他们提供了一个出仕的机会。乾隆时期，设置了"大挑"制度，就是考进士连续三次落榜、又确实有才能的，会被朝廷挑出来授予官职。

那么，这个"大挑"以什么标准来选拔人才呢？说出来令人哭笑不得，就是看脸。因为参加"大挑"的人实在太多，官员没法一一考察。但一个人的能力与外貌并没有什么直接关系，为防止人才遗漏的"大挑"制度，本身就存有缺陷。更多的是皇帝为了笼络读书人的一种手段。

在清代，很多今天知名的官员科举之路走得并不顺畅。比如曾主持"虎门销烟"的林则徐，在京城会试的时候落榜，只好去给福建巡抚张师诚做幕僚，因能力出众受到赏识，张师诚曾称赞林则徐说："僚属睹徐？督剿之劳，金谓非徐？先得贼踪，飞檄催战，未必能如斯神速。"直到嘉庆十六年（1811），林则徐才高中进士及第，开始踏上仕途之路。

左宗棠少年时屡试不第，曾在六年中，三次赴京会试，全都名落孙山。在后来任湖南巡抚秘书的时候，初露峥嵘，引起朝野上下的关注，当时有人称"天下不可一日无湖南，湖南不可一日无左宗棠"之语，引起咸丰帝的极大关注。但也因此而引起了湖南永州镇

李鸿章像

总兵樊燮等人忌恨和构陷，险些性命不保，幸得胡林翼、郭嵩焘等人的仗义执言，才化险为夷。

李鸿章曾受曾国藩的赏识而晋升，曾国藩曾称赞他："……将来建树非凡，或竟青出于蓝，亦未可知。"但李鸿章在辅助曾国藩的同时，也大大得罪了安徽巡抚翁同龢。后来，当李鸿章出任北洋大臣时，身为帝师的翁同龢处处刁难北洋水师，最终甲午海战，北洋水师一败涂地。

所谓"福分祸之所伏"，官场如战场，晋升虽然是官员的普遍追求，但也会因此阻碍别人的仕途，从而引起他人之忌，成为众人打击的目标。古人云"木秀于林，风必摧之"，其如是乎!

第七章　礼

# 迎来送往，
## 官场送礼不代表真感情

　　中国自古以来就是礼仪之邦，在我国最古老的五部文献，同时也是儒家最重要的五部经典——五经中，专门讲述礼制的《礼记》就是其中之一。《礼记·曲礼上》说："礼尚往来，往而不来，非礼也，来而不往，亦非礼也。"可见，所谓"礼"，是讲究有来有往的。

　　普通百姓日常交往中的送礼，还算比较简单。但是到了官场，由于彼此身份地位的悬殊，送礼的门道可就复杂了，甚至有人称其为一门"学问"。清代的官场送礼现象十分普遍，其方法更是五花八门，在笔者看来，实则比做学问更加复杂。

　　送礼可以有很多名目，一年四季的节日是最好的借口，在传统社会中最重要的端午、中秋、春节三节，是送礼的绝佳时机。除此以外，过生日也是送礼的绝好机会，打着祝寿的名义行贿赂之实，是官场中的常见套路。张集馨在《道咸宦海见闻录》里讲陕西粮道向上司和有关衙门官员送礼定规为：

　　"给西安将军三节两寿礼，每次银八百两，表礼、水礼八色，门包四十两；八旗都统二人，每人每节银二百两，水礼四色；陕西巡抚，四季致送，每季银一千三百两，节寿送表礼、水礼、门包杂费；陕西总督，三节致送，每节银一千两，表礼、水礼八色及门包杂费。"

这份名单上所列的礼品算相当贵重了，毕竟里面的送礼对象要么是将军、都统等手握重兵的武官；要么是巡抚、总督一类的地方大员。

此外，还有些送礼方式是官场独有的，比如：

程仪：有官员过境时，赠送钱财，不管双方以前是否相识，先把关系搞好，万一日后用得着对方呢？

秋审部费：地方上的案件每年都要向刑部呈报，这里面很多案子的终审判决权都在刑部，手中握着这些生杀大权，刑部的官员想不收礼都难，比如四川按察司向例每年送六百两银子，刑部人员才在五六月间派人把秋审奏折的底稿送到四川，以应付部驳和皇帝的查问。

晋升部费：这个比较奇葩，州县之中若有官员晋升，照理由吏部发出正式通知，官员直接赴任即可，要送礼也是在吏部决定晋升之前送礼。但有时吏部的官员若收不到好处，便扣着公文不发，哪怕晋升的官员已获得吏部的允许，但收不到公文，差了这一道程序，就不能上任。

修船陋规：这个就比较常见了，水师所用战船的修理归文官负责，但却由武官来验收，武官验收时横加挑剔，作为索取贿赂的借口。这种现象已不仅限于水师，甚至已不仅局限于官场，所有涉及验收的环节几乎都可能存在这种现象，今天仍是如此。

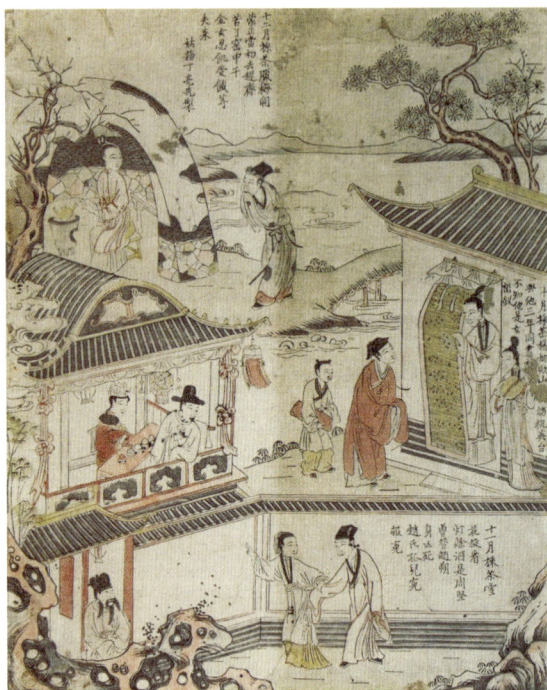

清代年画　采茶歌

　　放炮：某地的官员将要离任时，将管辖地区的赋税提前征收，他们通常用的手段是减免一定的税额，以吸引人们踊跃缴纳赋税，官员则借此大捞一笔。后来继任的官员也不好追着前任要钱，再说这也是官场常见的潜规则，继任的官员也只好吃这哑巴亏。

　　在官场五花八门的送礼中，最常见的就是冰敬、炭敬、别敬。

　　所谓"冰敬"，就是指在夏季到来之际，地方官员、下级官员为了给京官或上级官员送礼，便以消暑降温为由，馈送钱财以示"恭敬"，说白了就是孝敬夏天买冰消暑的钱。

与之相对应的是"炭敬",指的是冬日来临,各地地方官员便以为京官购置取暖的木炭为名,向其"孝敬"钱财,实际就是冬天烧炭的取暖费。

而所谓"别敬",就是地方官赴任前,在向京官告别时,致送礼金,以表达"恭敬"之情意。

在这三种送礼方式中,"炭敬"比较正式,而且其中颇有"学问"。这里的"学问"语带双关,既可以指真正的学问,也指人情世故方面的"学问"。由于送礼时要避人耳目,所以一般并不直接说明礼金数目,而是用各种方法巧妙地暗示出来,技术含量相当之高。这里随便举几个例子,大家可以了解下:

最常见的是写"梅花诗八韵",意味着内有银票八两,这算比较轻的礼了,意思意思而已。

"大衍":五十两,语出《周易》"大衍之数五十";"耳顺":六十两,《论语》"六十而耳顺";"双柏图一座",二百两;"毛诗一部",三百两,因为《诗经》的权威注本出自汉代毛亨,而《诗经》有三百零五首诗。

值得注意的是,"暗示"这个送礼模式是固定的,但是暗示所用的典故本身并不固定,可以自由发挥,但一般都会选择比较常见的典故,否则万一收礼者水平不高,不能领会其中的意思,就闹出笑话了。

清朝官场还流行同年、同乡之间互赠礼物,称之为"团拜项"。即每一年,同朝为官的同年或者同朝为官的同乡之间,要团拜一次。团拜时,外官同年要向京官同年馈送,外官同乡要向京官同乡馈送。大致上可以理解为每年新春"团体拜年"。

除以上所讲之外，还有一种十分常见的送礼情形，即外地官员到京城之后，向京官送礼。需要指出的是，外地官员的收入一般多于京官。京城乃"天子脚下"，众矢之的，京官不敢肆无忌惮地敛财。但在外地则"山高皇帝远"，外面发生的很多事情，皇帝未必知情。但京官因位于中央系统，在官场有很大的话语权，可以影响外官的升迁调动。送礼与收礼，实乃双方各取所需。

官员送礼与受贿的情况，皇帝并非不知，清朝康熙时代末，朝廷曾想整顿春节官场陈规陋习，于是订立一纸"公约"，并要求中央机关每位官员将公约贴在府第大门旁。

据清人金埴《不下带编》一书中记载，他当年曾见过这种公约，上面写的内容是：

"同朝僚友夙夜在公，焉有余闲应酬往返？自今康熙五十八年己亥岁元旦为始，不贺岁，不祝寿，不拜客，有蒙赐顾者，概不接帖，不登门簿，亦不答拜。至于四方亲友，或谒进，或游学，或觅馆来京枉顾者，亦概不接帖，不登门簿，不敢答拜，统希原谅。"落款为"九卿、六部、詹事、翰林、科道等衙门公启"。这基本是让官员取消一切日常活动，闭门谢客了。

在雍正时期，还曾创立过清朝特有的官员薪资给付制度，即养廉银制度。本意是借由高薪来培养鼓励官员的廉洁习性，避免贪污事件的发生，因而取名为"养廉"。养廉银的来源，是地方的火耗或税赋。因此，视各地富庶程度，养廉银数额各不相同。

# 待客有道中蕴含
## 着人情冷暖

　　人际关系历来复杂，封建社会等级制度森严，宗法观念深入人心，人们身处其间，待人接物时一个不慎说不定就乌纱难保。清代的礼仪制度吸收了历朝历代的经验，更加烦琐，涉及迎客、送客、内臣召对、端茶送客、供奉各事、拜折、奏事、请安、大臣见王公礼、御赐书和效劳等方方面面的内容。

　　在清代，拉关系是一项非常重要的技能。所谓"王侯将相，宁有种乎？"不是每个人都有幸生于权贵之家，单打独斗实不可取，报团取暖才是王道。所谓"近水楼台先得月""朝中有人好做官"说的就是人们的这种心态。

　　在清代，无论京师还是地方，都建有许多专供宦游者、科举士人、商人等居住的同乡会馆。本质上，这就是一个大型交友平台。

　　比同乡更亲近的关系是"拜把子"，即没有血缘关系的人通过一定仪式结为异性兄弟，又叫"义结金兰""结金兰之盟"。听起来像是江湖行径，实则在社会上是一种普遍行为。

拜把子的仪式多种多样，影视剧中经常出现的"斩鸡头""烧黄纸"也是其中一种。

《歧路灯》中说到清代拜把子之风的盛行："如今世上结拜的朋友，官场上不过是势力上讲究，民间不过在酒肉上取齐。若是正经朋友，早已就不换帖了。"

还有一种常见的拉关系方式叫拜门，也叫拜门生。即拜他人做老师。清末人所撰《〈二十年目睹之怪现状〉评语》云："黉缘大老之门者，讳为拜门。""黉缘"，即攀附权要，以求仕途通达；"大老"，即所攀附的权势人物。

清人《拜老师》诗云："可笑捐输登仕版，也求大老认门生。"拜门时所谓的"老师"，并不是教学意义上真正的老师，而只是建立师生的名义。实际上就是巧立名号，让二者的关系更进一步。

还有一种比"拜门"更直接、也更无耻的拉关系方式——拜干亲。主要有两种情况：一是钻营者拜自己所攀附的权贵为干爹，自己做人家的干儿子，这是最直接的一种方式；二是曲线进攻，钻营者让自己的妻妾女儿等拜所攀附的权贵为干爹，或拜权贵之妻、母为干娘，相比于前者，这种方法说起来更好听一些，表面上算是留了一点体面。为什么要强调"表面上"呢？试想，为了投机钻营而把自己的家人拿出来作挡箭牌，又何来体面？

在人际交往中迎来送往，应酬是在所难免的。清代的应酬方式很多，有拜客、宴客、送往迎来、馈送上司等。拜客也叫谒客，是拉关系、通声气所必需的。清代拜客风气极盛，特别是冠盖云集的京师，其权贵之家门口更是"车如流水马如龙"，甚至有时连道路都因此拥堵。

　　清朝在正式拜访前一般都会投递名帖，这是基本的礼仪。如果不投名帖就冒昧登门，很可能会被人拒之门外。在见客的时候，也有很多规矩，其中最广为人知的，大概要数"端茶送客"了。有记载："大吏之见客，除平行者外，既就座，宾主问答，主若嫌客久坐，可先取茶碗以自送之口，宾亦随之，而仆已连声高呼'送客'二字矣。"

　　古代人对礼法十分看重，齐景公曾问政于孔子，孔子对曰："君君，臣臣，父父，子子。"公曰："善哉！信如君不君，臣不臣，父不父，子不子，虽有粟，吾得而食诸？"这种观点一直被历朝帝王所奉行，就算皇亲

清　佚名　缂丝《红楼梦图》（局部）

国戚也不例外。

在康熙丁卯（1687）正月二十六日，有一次诸王和大臣在永康左门议论礼制，期间有大臣向诸王长跪，结果被上疏到了皇帝那，疏云："天潢贵胄，礼当致敬……天子禁门，非大臣致敬诸王之地。大学士辅弼大臣，当自重，诸王宜加以礼接。"结果宗人府和吏部、礼部商议后下令："凡会议时，大臣见诸王，不得引身长跪。着为令。"

实际上，人际交往中，以亲疏远近待客只是表象，何谓亲疏远近？所谓"人际关系"是可以"无中生有"的，更何况"远"与"近"？"近"的可以变成"远"，反之亦然。民间有谚语云："贫居闹市无人问，富在深山有远亲。不信但看宴中酒，杯杯先敬富贵人。门前拴上高头马，不是亲来也是亲。"人情冷暖，世态炎凉，大抵如此！

# 弃简趋奢，清代庆贺

## 与吊唁都得攀比

　　中国古代，在朝代建立的初期，大多经过长期的战乱，民生凋敝，所以在历朝历代的前期统治者大多注重节俭，与民休养生息，比如汉朝初期就推行"黄老之术"，实行"无为而治"。清朝建立初期，统治者也崇尚节俭，皇帝本人更是以身作则。

　　以康熙帝为例，他年幼时就受到清世祖顺治帝的喜爱，加之他本人勤勉好学，自幼便受到了良好的教育。康熙帝从小就崇尚节俭，在他九岁的时候，曾有一位官员送给他一个黄金制成的鸟笼，被他谢绝了。难得的是，康熙帝在这方面能够持之以恒。在他50大寿的时候，一些官员准备了一扇精美的屏风送给他作为寿礼，但康熙皇帝只把屏风上所写的给自己祝寿的文章抄了下来留作纪念，却将屏风退了回去。

　　到了雍正时期，亦秉承康熙帝节俭的风格，从他曾经下过的一道谕旨中，我们可以窥见其节约的作风，这道谕旨是关于处理宫中吃剩的食物的，大意是说："如果御膳房有吃剩的粥、饭等食物，切不可随意丢弃，可以给下人服用；如果人不能吃，就拿去喂猫喂狗；如果猫、狗也不能吃，就拿去晒干喂禽鸟等。雍正帝还派人稽查此事，如有浪费者，坚决治罪。"

身为一国之君，每日要处理的政事不计其数，却仍为剩菜剩饭的浪费操心，真是省检至极！

正如汉代在经过初期的休养生息后，国力在汉武帝时达到强盛，随后奢靡之风渐起。清朝的情形也很类似，经过顺治、康熙、雍正等几位皇帝的治理，在乾隆时国力到达鼎盛。乾隆初期尚能厉行节俭，到了后期就越来越奢靡。

一个人的生活做派，在衣食住行上最易体现出来，乾隆帝在日常饮食上，就极其奢侈，在今天保留下来的清代内务府档案中，就保存着乾隆时期的大批膳单，这里随便列举其中的一个，由于篇幅所限，笔者略去了中间的数十个菜式，但仍可以看出其中的奢靡无度：

"燕窝鸡丝香蕈丝火熏丝白菜丝镶平安果一品，红潮水碗。续八鲜一品，燕窝鸭子火熏片子白菜鸡翅肚子香蕈……烧狍肉锅塌鸡丝晾羊肉攒盘一品，祭祀猪羊肉一品，此二品银盘……随送粳米膳进一碗，照常珐琅碗、金碗盖。羊肉卧尽粉汤一品……野鸡汤一品。"

乾隆帝之后，清朝国力由盛转衰，皇帝又重新崇尚起节俭之风。其中以道光皇帝为最，可谓历朝君王之典范。

《清史稿》记载："宣宗恭俭之德，宽仁之量，守成之令辟也"。道光皇帝一生都穿带补丁的衣服。根据御膳房档案记载，在道光七年（1827）除夕，道光皇帝的膳单上居然只有5个菜，而且没有燕窝、鲍鱼等名贵食材，只是一些小炒、羊肉、丸子等物，堂堂

女中堯舜
宋史曰宣仁太后時朝廷
清明華夏綏定力行故事
柳絶外家私恩文思院奏
上之物無問巨細終身不
取其一人以為女中堯舜

清　焦秉贞　《历朝贤后故事图》

一国皇帝，过年的伙食竟然如此简单！与乾隆帝的日常膳单相比，
真可谓天上地下！

　　道光帝亲政后，下令禁止地方官员搜寻、进贡各类宝物。他认
为，地方官员所进贡品，皆取自百姓，各级官吏借进贡为名，肆意
盘剥，巧取豪夺，使民无以聊生。而且这些东西饥不可食，寒不可
衣，纯属无用之物，"朕视之如粪土也"。

　　在道光元年（1821）十一月初八，他颁布了第一份施政纲领
《御制声色货利谕》，表示："百姓足，君孰于不足？百姓不足，

君孰于足？"

但可惜的是，这种风气没能在清廷一直延续下去，到了清朝晚期，尤其是慈禧太后掌权时期，奢靡之风又盛。所谓"上行下效"，这种奢侈的风气在官场和民间亦极为盛行。

官员日常出行，就极讲究排场。《官场现形记》里的钱典史说到州县官要靠鸣锣开道显示官的身份："我们做典史的，既不比做州县的，每逢出门，定要开锣喝道，叫人家认得他是官。"

《歧路灯》里写学台出行时其仪仗走过的情景："只见刺绣绘画的各色旗帜，木雕铁打金装银饰的各样仪仗，回避、肃静、官衔牌、铁链、木棍、乌鞘鞭，一对又一对，过了半天。……金瓜开其先，尾枪拥其后，一柄题衔大乌扇，一张三檐大黄伞儿，罩着一顶八抬大轿，轿中坐了个弯背白髯、脸上挂着镜看书的一位理学名臣。"

甚至在丧礼、吊唁等事情上，人们亦互相攀比，极尽奢华。所谓"吊唁"，意思是祭奠死者并慰问其家属，死者家属要哭尸于室，对前来吊唁的人跪拜答谢并迎送回礼。

清代蒲松龄在《聊斋志异·金和尚》中曾写道这种场景："士大夫妇咸华妆来，搴帏吊唁，冠盖舆马塞道路。"在葬礼上来吊唁的车马冠盖竟然将整条道路塞满！

到了清末，国力越发衰弱，社会风气再度由奢入俭。在丧礼方面的表现尤为明显。有记载："古礼丧服曰斩衰，曰绍麻，曰袒免，分别烦琐，今则势不能行。新丧均以白粗布代之，其后，则在帽结或鞋以白色分别而已"。

# 媒妁之言下，
## 浪漫终究被现实打败

《礼记·昏义》曰："昏礼者，礼之本也。"在中国古代，婚姻乃人生大事，甚至上升到君臣、国家的高度。《礼记·昏义》指出："男女有别而后夫妇有义，夫妇有义而后父子有亲，父子有亲而后君臣有正。"所以，无论世俗礼法还是国家制度，都对婚姻都有着诸多的限制。

清朝时，中国封建社会已进入末期，在社会生活的很多方面，都呈现出新的时代特征。婚姻方面也是如此，满洲人在入主中原后，吸收了儒家礼法中的观念，其婚姻制度带有浓厚的满汉文化互相融合的色彩。

此时，宋明理学已成为社会的主流意识形态，其核心思想就是重建伦理纲常的社会秩序，朱子的《家礼》被奉为家庭生活的宝典，而所谓"婚礼"，除了婚，还要有礼，婚礼仪式亦是礼法的重要组成部分，这时的婚姻伦理性明显增强。

很多人都以为清代实行一夫多妻制，实际上这种说法不准确，清代实行的还是一夫一妻制。不过，作为一夫一妻制的补充，还有纳妾的相关制度，关于妾的数量虽然也有规定，但实际只是一纸空文，没有严格的约束力量。清代法定的结婚年龄与明代相同，男十六岁，女十四岁。古代婚姻讲究"父母之命，媒妁之言"，《诗经》中就有记载："伐柯如之何，匪斧不克；娶妻如之何，匪媒不得。"

在清代的一夫一妻制中，"门当户对"是理想的择偶标准。我们今天在婚姻中经常提到"有房有车"，这是在经济方面提出要求。但在清代的婚姻中，人们还没有对财产如此看重，人们在选择配偶时更多考虑的是对方的社会等级和乡里家族地位。

与以往朝代一样，清朝仍采取包办婚姻的形式，《大清律例》中规定："嫁娶皆由父母主婚，祖父母、父母无俱者，从余亲主婚。其夫亡携女适人者，其女从母主婚。"这一制度本质上是剥夺了当事人在配偶上的自主选择权。

在清代的婚姻中，还广泛存在着"童养婚"的现象。就是将别人家的幼女抱养过来，等到一定年龄后与自己家的儿子举行"圆房"礼，被抱养者称为"童养媳"，又称"待年媳"。这种现象的盛行与经济条件有关，一些贫困的家庭出不起彩礼或者嫁妆，于是只能抱养幼女或者将幼女送人做童养媳。

关于"媒人"这一职业，今天的影视作品中负面评价居多，但实则有失偏颇。著名史学家滋贺秀三曾经在《中国家族法原理》中对媒人在古代婚姻中担负的责任进行详细解说，他认为："媒人既有男子也有妇女，不管怎样，虽然也起着介绍陌生的两家的作用，但也是订婚这一重要的法律行为之成立和细节的内容

補衮圖

丁卯冬至前三日仿十洲筆

雪航愷

清　周愷　《补衮图》

证人。"在媒人的见证下，男女双方一旦订立婚约后，任何一方均不得反悔。

在今天的影视剧中经常会见到这样的情景，某官员到某地上任后，见到漂亮的女子，强行娶到家里做小妾。实际上，在清代，这种做法是违反《大清律例》的，官员不可以娶辖区之内的民女。

清律"娶部民妇女为妻妾"条的规定："凡府、州、县亲民官，任内娶部民妇女为妻、妾者，杖八十；若监临官，娶为事人妻妾及女为妻、妾者，杖一百；女家并同罪，妻妾仍两离之，女给亲，彩礼入官。"不只官员本人不可以这样做，其亲属也在禁止之列。"若官员恃势强娶，或为子孙、弟侄及家人求娶，加二等治罪。"

清　周恺　《补衮图》（局部）

还有一种婚姻情况是再婚。古代女子在这方面被限制得十分严格。男子亡故，其妻便成了寡妇，另外还有离婚的妇女，都面临再婚的问题。古代统治者推崇妇女保持贞节，"从一而终"，即使家贫无以为生，也要按照"饿死事小，失节事大"

的伦理，不能再嫁。女子若是再嫁，就会低人一等，甚至亲人也会认为其玷辱"门风"，所谓"再嫁者不见礼于宗党"，指的就是这种陋习。

统治者在经济上会对寡妇施行小恩小惠，一些地方官和绅衿组织恤嫠堂、安节局、全节堂、崇节堂、清节堂、保节堂、儒嫠局，它们有一定田产，给贫穷寡妇一些资助，目的还是阻止其再嫁。不过到了清代，寡妇再婚的现象具有一定普遍性。被劝改嫁的寡妇多是穷人，劝人改嫁的也多是贫困人，他（她）们都处在社会下层。或许，人们并不关心她们的生活，只是"天下攘攘皆为利往"而已。

# 六礼，
## 清代的结婚仪式

《礼记》曰："聘则为妻，奔则为妾。"男子娶妻需要举行很庄重的仪式。古籍《礼记·昏义》上载："昏礼者，将合二姓之好，上以事宗庙，而下以继后世也，故君子重之。是以昏礼纳采，问名，纳吉，纳征，请期，皆主人筵几于庙，而拜迎于门外，入，揖让而升，听命于庙，所以敬慎重正昏礼也。"

清朝时的婚礼有一个特点，就是婚姻程序的调整与简化。自古以来婚姻中一直流行的"六礼"，在清代的婚姻中很少走完全部流程，几乎被简化为了"三礼"，即纳彩、纳币和亲迎，实际就是议亲、订婚和完婚。当然，在不同地域，其习俗仍各不相同。

古代婚姻制度历来有"三媒六证"之说，三媒是指在男女双方家长同意的前提下，还应有媒人的介绍，其中包括男方聘请的媒人，女方聘请的媒人，以及给男女双方牵线的中间媒人；六证则指的是斗、尺、秤、剪子、镜子、算盘，以示家中粮食多少、布有多少、衣裳好坏、容颜如何、账目清否等，唯有具备"三媒六证"，才能算是正常合理的婚姻。

清人秦蕙田解释说："将欲与彼合婚姻，必先使媒氏下通其言，女氏许之，乃后使人纳其采择之礼。"意为男家向女家求婚，由媒妁代为转达。女家同意后，再收纳男家送来议婚的礼物。

纳采即议婚仪式，如果男子看中了某家的姑娘，其家里请媒人去女方家提亲，但这只是极少数，更多的是由男方父母直接为其选取成婚的对象。《仪礼·士昏礼》："昏礼，下达纳采。用雁。"郑玄注："将欲与彼合婚姻，必先使媒氏，下通其言，女氏许之，乃后使人纳其采择之。"

议婚时，男女双方大多没见过面，这一过程不能弄虚作假，清代的婚姻制度有着明确的规定："凡男女订婚之初，若有残、疾、病、老、幼、庶出、过房、乞养者，务要两家明白通知，各从所愿，写立婚书，依礼聘嫁。"

纳征，亦称纳币，实际就是男方去女方家中下聘礼。《礼记·士昏礼》孔颖达疏："纳征者，纳聘财也。征，成也。先纳聘财而后婚成。"清朝在乾隆以前，纳币的费用没有太多讲究，比较贫困的家庭纳币只有数千钱，就算是豪门巨室也不过百金左右。从乾隆时期开始，纳币的数目逐渐增加，到了清末，已经是一笔不小的数目了，哪怕是一般的人家，其聘礼也要上万钱。

需要注意的是，清代《大清通礼》中对一至九品官员的婚娶聘礼作了具体规定："一品至四品，币表里各八两，容饰合八事，食品十器。五品至七品，币表里各六两，容饰合六事，食品八器。八、九品及有顶戴者，币表里各四两，容饰合四事，食品六器。"

清代对于婚期的选定大有讲究，务求"十全十美，大吉大

清　佚名　玉粹轩通景画

利"，如果实在找不到这样的日子，一般"趋大吉而存小咎"，古时因"没有好日子"而提前或推迟婚期的情况亦时常出现。而常见的禁忌有"无春之年""本命年""禁婚年"等。

亲迎是婚礼的重头戏，就是男方去女方家迎娶新娘。在迎亲时，南方地区通常使用花轿；在北方地区，花轿要到清中期以后才流行开来，早期乡村中一般多用驴接新娘，还有用牛车的。据光绪年间《定州县志》记载："五十年前，亲迎以车，有力者乃用轿，今数十年来，即贫无立锥，率用彩轿，其用车者已不概见矣。"

将女方接到家中后，男女双方即举行"拜堂"。"拜堂"的具体仪式在不同时期、不同地方也各不相同，但一般包含今天影视作品中常见的"一拜天地""二拜高堂""夫妻交拜"等环节。新郎、新娘入洞房后，还要用同一器皿饮食，行"合卺礼"。

《礼记·昏义》："妇至，婿揖妇以入，共牢而食，所以合体，同尊卑，以亲之也。"孔颖达疏："共牢而食者，同食一牲，不异牲也……合卺，则不异爵，合卺有合体之义。共牢有同尊卑之义。体合则尊卑同，同尊卑，则相亲而不相离矣。"

后来仪式简化，改成饮"合卺酒"，即人们通常所说的"交杯酒"。在男女双方入了洞房之后，整个婚礼过程就算基本完成了。

清朝的结婚仪式继承了历代以来的大部分传统，其具体形式则视举行婚礼之人的家庭条件而灵活多变。满族与汉族之间、贵族与平民之间、不同地区之间都会有不同的差异。

# 门第婚姻，
## 不过一场权势名利的交易

古代的婚姻，讲究"门当户对"，越是身份显贵的人家，在这方面的要求越是严格。《礼记》之中有云："昏礼者，将合二姓之好。上以事宗庙而下以继后世也。"

清朝入关以后，在汉人和汉文化的巨大影响下，清朝对于婚姻制度的规定，开始全面接受孔孟思想的传统观念，并在制度上大量沿用了明朝的相关规定。

明朝时期有相关的文献记载："元明以降，仕宦旧族仍颇以阀阅自重，婚嫁必求素对，倘非其偶，不屑与婚。"在《清朝的婚姻制度论述》中，对婚姻的"门第论"也有过相关说明："择婿、择妇，大率门户相当者为之，贫富之相较为后，而清浊之分必严也。"

清代曹雪芹《红楼梦》第七十九回也写道："我们太太原是见过的，又且门当户对，也依了。和这里姨太太凤姑娘商议了打发人去一说，就成了。"可见"门第"观念之深入人心！

不过，清朝时的门第观念，与魏晋南北朝时期的那种世族观念已大不相同。实际上，在宋代之后，世族的存在就几乎已经瓦解了，清朝时的门第更多指的是乡里家族、地方名望等内容，当然也包含一定的经济基础。

为了保证"门当户对"这种婚姻标准的实现，媒人在婚姻中就扮演了非常重要的作用。需要注意的是，这里所说的"媒人"，不一定专指那些以说媒作为职业的媒婆之类，而是指受人尊敬的长辈，或地方上有名望的人。这些人一般有文化、有威望，他们与古代的官媒更加相似些。

在婚姻问题上，"门当户对"的规矩就算是皇室成员也不能打破，皇帝本人亦是如此。皇帝选妃过程中，要先选秀女，秀女必须是血统纯洁的官员的女子，以保持满洲贵族的尊严和特权。在保证血缘和社会地位高尚的情况下，才讲女子的美貌与素质。皇帝就算再钟爱某个女子，也不能绕开这道程序。

至于影视剧中出现的清朝皇帝娶汉女的现象，在真实的历史中，是不可能发生的。

清代社会良贱等级分明，双方不得通婚。何谓良人、贱民？郭松义在《伦理与生活：清代婚姻关系》一书中说："良人，是指在户籍编制中属于军、民、商、灶四类的百姓；贱民，以奴婢和娼优为主，也包括在衙门执贱役的皂隶、马快、步快、禁卒、门子、弓兵、仵作、粮拆、巡捕营番役，跟随官员的长随等。"

清律还严禁官员及其子孙娶乐人为妻妾。清律"娶乐人为妻妾"条规定："凡（文武）官（并）吏，娶乐人（妓者）为妻妾者，杖六十，并离异（归宗，不还乐工，财礼入官）；若官员子孙

（乃应袭荫者）娶者，罪亦如之；注册，候荫袭之日（照荫袭本职上）降一等叙用。"

　　在陈鹏教授的《中国婚姻史稿》中记载了对清朝官员的婚姻制度的规定："官员有妻再娶，杖九十，私罪，降四级调用，有成案。"这里所说的"妻"指的是原配正室，而非续房或者妾室。另外，对于官员配偶也有相关规定："命妇夫亡，亦不许再嫁，违者夺诰封，并离异。"

　　这还只是对普通官员的要求，作为皇室成员，清代公主们的婚姻更加身不由己，她们中的很多人都被作为联姻的工具，远嫁他

清　佚名　九世祖考德二十六房谏之府君之像

乡。据清朝皇室族谱《玉牒》记载统计：在满蒙之间长达300年的联姻行为中，满蒙之间联姻多达595次，其中出嫁到蒙古的清朝皇室公主和宗室格格多达432位，占据整体数量的73%。

这种政策对国家安定起了重要作用，然而作为代价，联姻牺牲掉的却是皇族女性的婚姻。据记载，第一位嫁给蒙古人的清朝公主是肫哲公主，她是努尔哈赤弟弟舒尔哈齐的孙女，为了拉拢蒙古科尔沁部的首领奥巴，努尔哈赤将肫哲公主封为和硕公主，嫁给奥巴。但此时奥巴已经有了一位正室，肫哲公主作为清朝堂堂的和硕公主，却不得不与其他女子共侍一夫！

据《清太祖高皇帝实录》记载，努尔哈赤还曾宣称："公主不令额驸适意安……朕惟以额驸为是，庇额驸，公主纵死亦无所庇焉。"在与丈夫产生争执的时候，就连皇帝都不向着自己，这些公主婚后生活的悲惨可见一斑！

"门第婚姻"与"包办婚姻"共同构成古代婚姻中的最重要的两大元素，二者都扼杀了婚姻自由。例如，清代著名文学作品——《浮生六记》的作者沈复，虽然在包办婚姻中与妻子相爱相知，然而其妻却不为父母所喜，最终两人被赶出家门，饱受颠沛流离之苦，其妻亦因此英年早逝。

在封建礼法观念的种种限制下，婚后幸福的人究竟能有多少？这个问题值得人们深思。

# 大清的夫妻地位
## 很难平等

封建社会中，男尊女卑的观念一直盛行。《列子·天瑞》中云："男女之别，男尊女卑，故以男为贵。"在家庭事务中，封建社会以"男耕女织"为主要生产方式，《周易·家人》载："女正位乎内，男正位乎外。"

封建伦理道德对女性的行为有严格的限制，《仪礼·丧服·子夏传》载："妇人有三从之义，无专用之道。故未嫁从父，既嫁从夫，夫死从子。"《周礼·天官·九嫔》中又说："九嫔掌妇学之法，以九教御：妇德、妇言、妇容、妇功。"二者合起来即所谓"三从四德"。

在古代，"男尊女卑"的极致就是将女性物化，仅作为男性的财产看待，男子甚至可以将妻妾进行买卖交易。在清代，这种现象十分普遍。出现这种现象的原因大多是由于家庭贫困。

除了"卖妻"外，清代还有"典妻"的做法，这是一种畸形的婚姻形态，就是某些人因贫困而将自己的妻子以一定的价格暂时出让给雇主，雇主利用典来的女子来达成自己生育或解决性需要的目的。这种做法当然有伤风化，自元代以来，都是被禁止的，清代也是如此，但是这种现象却始终无法禁绝，最根本的原因还在于贫困无法消除。

在《清稗类钞》中，记载了宁波、绍兴等地的典妻婚俗："以妻典与人，期以十年五年，满期则纳资取赎。"典妻的基础是双方必须严格遵守约定的典妻期限，过期典雇关系即终止，在出典期间女方所有财产包括所生子女全归雇主，不得带走。

然而，在这件事上，不守约的也大有人在。清代学者俞樾在《右台仙馆笔记》中就记载了这样一件事：有一个姓唐的人因为家里贫穷，听说邻村有一个姓王的富人没有子嗣，于是就想将自己的妻子典给对方生子。他的妻子一开始不同意，这个人就以母亲将要饿死为由，说服妻子同意，典期为一年。结果，因为他的妻子很漂亮，王姓富户对她十分喜爱，等到一年期满时，王富户在典契中加了一竖，将"一年"改为"十年"。这个姓唐的人拿对方没有办法，他的妻子因为回家无望，于是投水而死。

不过，清代"男尊女卑"也有例外的情况。比如皇室的公主。但这种情况终究只是个例，不是所有女性都能生在帝王之家。

值得一提的是，在民间，广东、云南、贵州的一些少数民族中，男女婚姻比较自由，双方在地位上也较为平等。很多少数民族有对歌结亲的习俗，每逢春季，男女各坐一边，互相歌唱，歌中表达的内容均为男女相悦之情，如果其中一方不同意，也可以歌声婉拒。但如果双方都合心意的话，唱过歌之后，就会到酒棚中并坐饮酒，交换定情信物。

清　禹之鼎　《牟司马相图》

更令人惊奇的是，在这种婚俗中，男女双方成亲之后，并不同居，女方先要拜一个邻居老妇作干娘，并住在对方家里，三天之后回到娘家。此后，女方虽然经常去丈夫的家中，但并不与丈夫同房，因为担心会怀孕。之所以会出现这种现象，是因为当地风气比较自由，男女双方不愿过早生儿育女，进入父母的角色，他们更倾向于趁着年轻尽情玩乐，有点类似于今天的谈恋爱。到二十四五岁之后，"嬉游之性已退，愿成家室，于是夫妻始同处"。

清代著名学者赵翼在广西镇安做太守时，曾试图纠正这种风气，但没有成功。赵翼的七言绝句《论诗》曾入选中学语文教材，其中："江山代有才人出，各领风骚数百年"成为后世传诵名句。

# 第八章 乐

# 这才是过年！
## 清朝的新春辞旧

　　清朝皇宫里的春节是如何过的呢？其实，其中有很多风俗都与今天大同小异。从腊月二十三开始，也就是小年的时候，皇宫就要开始春节的准备工作了。"民以食为天"，皇帝在这一天要亲自祭拜灶神。

　　在乾隆年间，每逢祭灶时乾隆皇帝还会亲自进行一段特别的仪式——炕上击鼓拍板唱曲。

　　据清代姚元之的《竹叶亭杂记》记载："每年坤宁宫祀灶，其正炕上设鼓板。后先至。高庙驾到，坐炕上自击鼓板，唱《访贤》

清　丁观鹏　《太平春市图》（局部）

一曲。"

这段记载有几个有意思的地方，一是坤宁宫是皇后住的地方，皇帝为何要来这里祭灶？二是在中国古代，有"男不拜月，女不祭灶"的说法，但似乎早在清朝，这一风俗就已经被打破了。

清宫中的春节，严格地讲，应从除夕"请神"开始，到初五"送神"结束。初六日，皇帝要上朝御政，商店要开门营业，皇子上课读书。

但在清朝，春节假期却是从腊月二十六开始的。皇帝在这一天要进行"封笔""封玺"，其实就是停止办公的意思。然后在正月初一的时候，重新"开笔""开玺"。

我们今天过春节的时候，有贴对联的习俗，对联的内容基本都是写一些吉祥的话，表达一些愿望和喜庆之意。皇帝的"开笔"也与此类似，值得庆幸的是，虽然在清末和民国时，中华大地历经了诸多苦难，无数历史遗物灰飞烟灭，但清代皇帝留下的一些"开笔"真迹，却保存了下来，让我们可以了解当年的历史。

比如，乾隆元年（1736）的一张元旦开笔，共有三行，中间一行用朱砂红笔所写的是"元年元旦，海宇同禧，和气致祥，丰年为瑞"；左右两边是墨笔写的，右边的一行是"愿共天下臣民永享升平"；左边的一行是"所愿必遂，所求必成，吉祥如意"。

在清代过春节时，还有类似今天"集福字"的传统，相传始于康熙帝。

皇帝写福字后赏赐给朝廷的官员、大臣等人，在最初只是即兴之举，渐渐地就流传成为一种习俗。这虽然不是什么贵重的赏赐，但对大臣来说，确实一种莫大的荣耀，要知道每年有资格被皇帝赏赐福字的臣子大概也就十人左右。到了后来，皇帝赏赐的字已不仅限于"福"字，比如嘉庆、道光、同治、光绪这几位皇帝，过年时除了"福"字，还常常写一些"龙""虎""寿""喜"之类的字。

与今天一样，古人在大年初一的时候也流行"拜年"。

在清代，百官在大年初一的时候要向皇帝拜年。这是比较隆重的仪式，天刚蒙蒙亮，百官就齐聚太和殿前广场上，皇帝的銮驾仪仗早早就排列好，皇家乐队威武整齐站在大殿屋檐下。皇帝端坐在养心殿，惬意地饮上一杯屠苏酒，这时使用的酒杯是特制的，用黄金珠宝镶嵌而成，名曰"金瓯永固杯"，寓意江山永固。

作为紫禁城的主人，皇帝给服侍他的人发些红包亦是春节时的习俗。不过，在此处并不称其为"红包"，称之为"如意荷包"。一般都会赐给皇帝身边的八旗子弟，太监，宫女等。依他们各自的地位高低，与皇帝的亲疏远近，荷包里会有价值不同的赏品，包括金如意，银如意，银钱等。

皇宫中过年时也流行贴对联，放鞭炮。不过，紫禁城的对联是在木板上刻字刷漆做成的，显得恢宏大气。不同于百姓们的"贴"，皇室则是"挂"，因为对联是木板只能挂在门上。每当春节到来，宫中都会挂起福字、对联、门神等物品。一直挂到春节后初四日的时候，就会把这些全部取回，收藏起来。

在清宫档案中，把爆竹叫炮仗。皇宫一般是不允许燃放爆竹的。因为宫中的很多建筑是木制，容易着火。但是过年的时候，会放宽政策。

说到过年，自然离不开年夜饭。皇家的除夕家宴一般在乾清宫举行，皇帝和后妃每人一张桌子。皇帝自己用金龙大宴桌，坐北向南，两边是花瓶。皇后的宴桌摆在皇帝主桌的左前方，其他妃嫔的宴桌，按着皇贵妃、贵妃、妃、嫔、贵人、常在、答应这些封号的等级，分左右两排摆放。

宴席上，先摆设冷膳，太监再传话上热膳，总共40道左右。皇帝进酒时，后妃们都要行跪拜礼。进酒之后，再喝果茶。宴会结束之后，众人各自回宫。

清朝百姓过年时的习俗与现在相差不大，大致也还是"走亲访友""贴对联""放鞭炮"等。有一点不同的是，百姓会相互之间作揖表示祝福。当时作揖是一种特有的礼节，也是有讲究的，当时人们以左为尊，所以在拜年时都会用左掌包右拳的形式。若是用右掌包左拳，那是祭拜死者的姿势，对生者非常的不敬。

吃年夜饭的时候也是很有讲究的。富裕人家吃饭时，都会用金银器皿，表示庄重；还有另外一层意思，担心用瓷器不小心打碎了不吉利。此外还会在客厅中摆放锦屏，意为"锦堂"。

其实，除以上所述外，皇帝在过年时还要进行各种祭祀活动，祭祀的时辰、地点都大有讲究，今天我们在北京见到的天坛、地坛等建筑，当年都是祭祀用的。祭祀的过程十分繁琐，有些甚至在凌晨就得开始准备，对皇帝来说是很苦的差事。

当然，在今天这类的习俗几乎都已经消失了，只有祭祖一项还在民间流传。

# 秋暮夕月，
## 清朝中秋大不同

　　农历八月十五是中国传统的中秋佳节。按中国古代历法的解释，八月是秋季的第二个月，称"仲秋"，八月十五又在仲秋之中，所以叫"中秋"。中秋节在宋元时还是一般性的节日，明朝以后，地位逐渐上升。到了清代，中秋节已是很隆重的节日，成为与新年（今天的春节）、端午同等地位的三大节日之一。

　　清朝的中秋节相比之前，新增了很多内容，比如唐宋时期的中秋节虽然也与月亮密切相关，但主要活动都是赏月、玩月，偏重社交和娱乐活动。清朝中秋节的月亮则多了一层神性，而常被人们祭拜。清朝时有一句谚语叫："八月十五月儿圆，西瓜月饼供神前。"

　　有趣的是，虽然月亮被赋予了神性，但各地对月神的理解各不相同。据《中国民俗志地方资料汇编》中记载，在福建汀州一带，人们在中秋时有"请月姑"的习俗，在祭拜月亮之后会进行占卜，以问将来的祥灾；在浙江一些地区，有中秋"宴嫦娥"的习俗，就是把月饼、水果等物摆在桌上，用来祭拜；在北京，还有拜玉兔的习俗，称玉兔为"兔儿爷"。

除拜月外，清代中秋还有烧宝塔灯的习俗，在南方尤其盛行。塔的材质多种多样，可以是砖，也可以是瓦。搭宝塔是当时孩童十分喜爱的活动，塔中有时还会供奉一些神明，在塔中和四周点起薪柴，以塔燃红燃透作为吉祥的征兆。

秋季是收获的季节，大多数植物在此时都会结出丰硕的果实，因此中秋又衍生出祈求子嗣婚嫁或生殖力量的习俗。在清朝时，这种习俗最直接的体现就是"走月亮"。中秋之夜，女性盛装出行，借着月色，或访亲走友，或去尼庵游玩，有的甚至彻夜不归。清代诗人蔡云在《吴歈》诗中就写到了这种情景："木犀球压鬓丝香，两两三三姊妹行。行冷不嫌罗袖薄，路遥翻恨绣裙长。"

据同治《江夏县志》中记载，江夏城中有一座桥名为滋阳桥，可能是桥的名字起的比较应景吧，这座桥在中秋之夜成为当时的网红打卡地，桥上的石龙首是出行妇女争相抚摸的对象，这大概与生殖崇拜有关，人们盼望能有更多的子嗣。

"走月亮"的习俗在今天依然存在，但其意义早已不同于古时，当代著名作家吴然创作的散文《走月亮》，曾入选人教版四年级上册语文课本，描写的是作者在月下和母亲一起漫步时的情景。

对清朝的统治者来讲，中秋也是重要的节日。乾隆帝好大喜功，曾到处巡幸，远至塞外的就多达四十九次，他在避暑山庄度过了四十八个中秋节。乾隆皇帝的很多诗作中，都有中秋节的相关描写。

清　艾启蒙　《百鹿图》（局部）

　　如在《中秋即景》中写道："胜地云山真表地，中秋风月正秋分。"还有一首《平湖秋月》写的也是中秋风景："春水初生绿似油，新蛾泻影镜光柔。待予重命行秋棹，饱弄金波万里流。"

　　值得一提的是，乾隆帝的生日是八月十三，与中秋节十分接近。清代将皇帝的生日称为"万寿节"，两个重大的节日如此相近，自然要好好庆祝一番。乾隆帝曾在山庄谕旨曰："八月十三上万寿节，皇太后行宫行礼，御澹泊敬诚殿扈从王公大臣行庆贺礼，上奏皇太后於卷阿胜境侍膳，此王公大臣等宴凡三日。"

　　说道"中秋节"，自然少不了要吃月饼。清朝宫廷的月饼种类非常多，既有用香油和面制作而成的香酥皮月饼，也有将奶油和面做成的奶酥皮月饼，此外还有用猪油做成的月饼。

　　有趣的是，关于月饼的"甜与咸之争"，在清朝的时候就已存在。甜味的月饼是用糖、果、豆沙、枣泥等食材为馅料；咸味的月饼则是用芝麻、椒盐为馅料，不管是"甜派"还是"咸派"，清宫月饼总能满足众人的口味需求。在清朝后期，甚至出现了一些著名的月饼品牌，比如北京前门致美斋的月饼在当时就被誉为"京都第一"。

在北京中秋祭月除香灯供品外，就是团圆月饼。不但味道多样，还有各种不同的尺寸，清代皇宫中有些月饼的尺寸大的超乎想象，供给北京皇宫中的月饼"从下至上直径尺余，重有两斤"。清宫的月饼木质模具中，最大的重达十斤，直径长达四十厘米，最小的才三两重，直径只有七厘米。这些模具上还有很多有趣的图案：广寒宫殿、云朵、桂树、持杵的玉兔、八仙法物等。

除月饼外，宫廷还时兴吃螃蟹，螃蟹用蒲叶包起来蒸熟，然后众人围坐，饮酒蘸醋，品尝肥美的蟹肉。

清代人热衷戏曲，听戏是当时主要的娱乐活动，中秋节的时候自然也不能少。根据当时的记载，清宫中当时比较流行的有《丹桂飘香》《广寒法曲》《日月迎祥》《群仙庆贺》《霓裳献舞》等曲目。

据说，乾隆皇帝当年最爱看的就是《西游记》《封神榜》这类的神鬼志怪故事。不仅自己爱看，他还拉着前来觐见的蒙古王爷、朝鲜使臣及其他臣子们一同观看。

在嘉庆、道光、咸丰年间，戏曲的风格有所转变，更流行一些传奇故事，例如《锁麟囊》《八戒成亲》《拷打红娘》等。

到了清朝末年的同治、光绪和宣统年间，由于慈禧太后对戏曲的喜爱，宫廷中戏曲更为流行，并开始演出一些与节气相关的戏剧，最出名的就是《天香庆节》，既热闹又十分有趣，很符合慈禧太后及皇帝的胃口，因此在清宫长盛不衰。

在民间，清朝时人们喜欢挺中秋夜的晴雨，占次年元宵阴晴。有谚语云："八月十五云遮月，来岁元宵雨打灯。"

在文学领域，中秋还是名句佳作涌现的黄金时期，到了清朝时，诗词歌赋已经衰落，小说盛行。在清代著名小说《红楼梦》中，林黛玉和史湘云就曾在中秋之夜联句，其中第一句就是"三五中秋夕"，"三五"即十五，意指八月十五，联句中的"寒塘渡鹤影，冷月葬花魂"一句尤为著名。

# 阑珊灯火，点亮
## 你的元宵节

　　元宵节是中国的重要节日，在汉代的时候，就已经出现庆祝元宵的习俗。满洲人入主中原后，保留了这一习俗。然而，清代的元宵节与以往相比，却大有缩水之嫌。以庆祝时间为例，宋朝庆祝元宵节的时间为五天；明朝最长，从正月初八开始一直到正月十八才结束，整整十天；到了清朝则只有三天。

　　元宵节历来有观灯的习俗，清朝也不例外。但是到了清代，宫廷中已不再举办灯会，民间的灯会却依旧颇为壮观。

　　据《燕京岁时记》记载，清代是"自十三至十七均谓灯节，惟十五日谓之正灯耳"。从中可以看出：清代放灯时间只有五夜，只有十五夜才算正节放灯。"每至灯节，内廷筵宴，放烟火，市肆张灯"。

　　《清嘉录》中有描写灯节的诗："看残烛火闹元宵，划出旱船忙打招，不放月华侵下界，烟竿火塔又是桥。"

　　元宵节的花灯形式多样，制作材料也十分丰富，其中又以纱绢、玻璃、明角居多，这些灯不止外观漂亮，在灯上一般绘有历史上著名的人物及故事，充满文化气息。晚清沈阳诗人缪润绂在《沈阳百咏》中记述了同治、光绪年间沈阳城闹花灯的盛况："悬灯结彩供三官，钟鼓楼头起壮观。绝世东海开蜃市，云霞出海散春寒。"

在清代的元宵灯会中，最特殊的要数冰灯。据说，冰灯最初为松花江一带渔民冬季使用的照明工具。满人入主中原后，也将冰灯带入了中原地区。据记载，北京当时有能工巧匠制作冰灯，"结冰为器，裁麦苗为人物，华而不侈，朴而不俗，殊可观也"。"冰灯"这种艺术在今天依然存在，在黑龙江省哈尔滨市，每年都会举办名为"冰雪大世界"的游园会活动，是观赏冰灯的最佳时机。在2008年北京奥运会时，哈尔滨第九届冰雪大世界被规划为奥运圣火景区，在世界上首创雪地彩色高尔夫，还有40米高的奥运圣塔等，十分壮观。

而说到花灯，就不得不提到"灯谜"。灯谜也称"文虎"，就是在彩灯上写的谜语，供人猜测赏玩，猜灯谜中者可以获小礼品留念，这种活动在民间非常流行。

《武林旧事》载："以绢灯剪写诗词，时富讥笑，及画人物，

藏头隐语，及旧京诨语戏弄行人。元宵佳节，帝城不夜。春宵赏灯之会，百戏杂陈。诗谜书于灯，映于烛，列于通衢，任人猜度；所以称为灯谜。"

除京城外，苏州的灯谜活动也十分出名。清顾禄《清嘉录》中记录有当年苏州元宵节猜灯谜的情景："好事者巧作隐语，拈诸灯。灯一面覆壁，三面贴题，任人商揣，谓之打灯谜。谜头皆经传、诗文、诸子百家、传奇小说及谚语、什物、羽鳞、虫介、花草、蔬药，随意出之。"猜中灯谜的奖品一般有巾扇、香囊、果品，还有一些美味的食物等。凡是有灯谜猜的地方，人们皆驻足观望，以致道路堵塞，行人甚至难以通行。

元宵节所谓"灯火"，有灯自然也要有火。清代元宵节时，"放烟火"也是十分重要的节目，实际就是今天的放烟花。在当时的烟火中还有故事和掌故，叫人目不暇接，据记载："有珍珠倒垂帘、十二莲灯、十八学士、春榜春联、风车旋轮、连环绣球、挂龙飞仙……谓之火树银花。"这一天也要大闹秧歌，"其舞队也有故事：十八罗汉、十八学士、十八诸侯……"等，大都表演的是历史故事，寓教于乐。

清代诗人姚元之写的《咏元宵节》诗："花间蜂蝶趁喜狂，宝

清　丁观鹏　摹顾恺之《洛神图》

马香车夜正长。十二楼前灯似火，四平街外月如霜。"描写更是生动、精彩、别致。

作为庆祝节日的主要方式，大吃一顿是少不了的，因为元宵是新年之后的第一个月圆之夜，所以元宵节的食物，首推"汤圆"和"元宵"。很多人分不清二者的区别，"汤圆"和"元宵"的区别主要体现在制作方法、馅料选择、烹饪习惯和储藏方式四个方面。在习俗上，北方"滚"元宵，南方"包"汤圆。

不过，无论元宵还是汤圆，本质上都是一种带馅的米粉。清代吃元宵的习俗极为普遍，北京的桂花元宵、宁波的灯圆、杭州的上灯圆子、孝感的鹅卵元宵，都闻名一时。需要注意的是，"鹅卵元宵"不是用鹅蛋制作的元宵，而是用糯米粉做成鹅卵的形状。据光绪年间《孝感县志》记载，在孝感当地还有孕妇在火上烧烤鹅卵元宵来占卜生男生女的习俗，如果元宵裂开则生女，如果元宵表面起疣则生男。

清朝康熙年间，御膳房特制的"八宝元宵"，是名闻朝野的美味。马思远则是当时北京城内制元宵的高手。他制作的滴粉元宵远近驰名。

符曾的《上元竹枝词》云："桂花香馅裹胡桃，江米如珠井水淘。见说马家滴粉好，试灯风里卖元宵。"诗中所咏的，就是鼎鼎大名的马家元宵。

# 小虫子撑起
## 大娱乐

　　古代科技很不发达，没有今天这么丰富多彩的娱乐活动，人们通常日出而作，日落而息，但闲暇的时候也会找些好玩儿的事物取乐。斗蟋蟀就是其中非常普遍的一种，上至皇帝下至街头百姓，都乐此不疲。

　　蟋蟀，在古时也叫"促织"，俗称"蛐蛐"，天性孤僻好斗，人们常将其捉来两两相斗。斗蟋蟀据说兴起于唐朝，其后代代相传。南宋奸相贾似道就酷爱斗蟋蟀，《宋史》中有记载：当蒙古重兵围困襄阳，南宋王朝即将灭亡的前夜，丞相贾似道还在"与群妾踞地斗蟋蟀"。身为一国宰相竟如此荒唐，也难怪南宋为蒙古人所灭了。贾似道甚至还专门写了一本书叫《促织经》，是世界上第一部研究蟋蟀的专著。

　　到了明朝，就不得不提到一位斗蟋蟀的爱好者——明宣宗朱瞻基。吕毖《明朝小史》称"宣宗酷好促织之戏，遣取之江南，价贵至十数金"。宣宗在明朝的皇帝中也算有作为的了，与其父仁宗朱高炽一起开创了历史上著名的"仁宣之治"，但宣宗这样一位明君却仍抵抗不了斗蟋蟀的诱惑，可见这类活动在当时的流行。

清代小说家蒲松龄的《聊斋志异》中，有一篇名为《促织》的故事，就是以此为背景创作的。讲的是一个落魄的读书人因献给皇帝一个蟋蟀而飞黄腾达的故事。其故事曲折离奇，在故事的最后有一段话发人深省，大意是说："皇帝偶尔使用一件物品，未必不是用过了就把它忘记了，然而下面的人为讨皇帝欢喜，在民间大肆搜刮，导致民不聊生，所以天子任何一个微小的举动，都关乎百姓的生命，不可忽视啊！"这段话可以作为历朝历代皇帝的座右铭！

到了清代，斗蟋蟀又增添了许多新的花样。比如在蟋蟀的选择上，要求无"四病"（仰头、卷须、练牙、踢腿）。这还算合理，但另一项内容，就有些匪夷所思了。蟋蟀的颜色也有高下之分，白色的不如黑色，黑色的不如红色，红色的不如黄色，想不到在蟋蟀之中竟也存在肤色的歧视！人类似乎很喜欢把自己的观念强加给各种生物，这让我想起了鲁迅在《呐喊自序》中曾经提到过的，他父亲药引中使用的蟋蟀就必须是原配的一对，似乎在蟋蟀之中，如果改嫁过，就连做药引的资格都失去了！

很多豪门贵族，为了获得上等的蟋蟀，往往不惜花费重金。清代人富察敦崇所著的《燕京岁时记》中写道："七月中旬则有蛐蛐儿，贵者可值数金。有白麻头、黄麻头、蟹胲青、琵琶翅、梅花翅、竹节须之别，以其能战斗也。"蟋蟀的种类之繁多，细节之讲究，可见一斑！

所谓"一人得道，鸡犬升天"，不止蟋蟀价格昂贵，甚至用来装蟋蟀的罐子，也价值不菲。《燕京岁时记》中记载："蛐蛐罐有永乐官窑、赵子玉、淡园主人、静轩主人、红澄浆、白澄浆之别，佳者数十金一对。"用官窑烧制的古董来做蛐蛐罐，可谓奢侈至极！

蛐蛐罐在当时与古董瓷器几乎没有区别，其材质有瓷制、陶制、玉制、石制以及漆器制品，以瓷制和陶制最为珍贵。北京的琉璃厂老古玩商中曾流传着这么一句话："六个子玉蛐蛐罐能换一对道光官窑粉彩龙凤碗。"在当年甚至有指定的御窑和官窑烧制而成的蛐蛐罐，作为贡品专供皇室使用。蟋蟀罐不仅工艺精细，而且还附有山水虫鱼、诗词歌赋等图案文字，以增加其艺术性和观赏性。

蟋蟀罐分大小两种，大蟋蟀罐为斗蟋蟀用，小蟋蟀罐为养蟋蟀用。养罐中还有几个特别的附件：瓷牌、小过笼、水槽。瓷牌用来记录蟋蟀的名字、重量、参加格斗的次数。小过笼通常放在养罐内的一边，是雌雄二蟋蟀的"洞房"。水槽则专供蟋蟀饮水用。

斗蟋蟀的规则在某些方面有些类似今天的拳击运动，有"轻量级"和"重量级"之分，斗蟋蟀之前要先对比蟋蟀的个头，要大小相当的才可以进行决斗，绝不可"以大欺小"。

令人意外的是，斗蟋蟀还可以成为一种社交活动。在清代，北京的斗蟋蟀爱好者在冬至这一天还以虫会友，进行传统的封盆格斗。《清宫词·养蟋蟀》中曾描写过这一场景："宣窑厂盆饯金玉，方翅梅花选配工。每值御门归殿晚，便邀女伴斗秋虫。"

除蟋蟀外，蝈蝈也是昆虫中人们常用来养的宠物。蝈蝈与蟋蟀、油葫芦被称为三大鸣虫，公蝈蝈叫声洪亮，深受广大鸣虫爱好者的喜爱。

蝈蝈在中国的历史非常悠久，《尔雅（释虫）》曰："国貉，螽虫。"很多人认为，其中的"国貉"即是蝈蝈。

清 任熊 《四红图》

前面提到，明朝的宣宗很喜欢斗蟋蟀，无独有偶，清朝的皇帝之中也有喜欢养蝈蝈的。康熙帝玄烨有一首题为《络纬养至暮春》的五律："秋深厌聒耳，今得锦囊盛。经腊鸣香阁，逢春接玉笙。物微宜护惜，事渺亦均平。造化虽流转，安然比养生。"诗中所咏的"络纬"，就是蝈蝈。

在各方面都向康熙帝看齐的乾隆帝，也很喜欢蝈蝈。他在一次外出时，听到蝈蝈鸣叫，曾即兴赋诗曰："雅似长安铜雀噪，一般农候报西风。"不止如此，据说乾隆帝还干过一件在今天看来非常荒唐可笑的关于蝈蝈的事：

乾隆帝命人在宫中养了一万只蝈蝈，在一次大典时，全部装在笼子里，放到金銮殿上，等到乾隆帝来上朝的时候，所有蝈蝈一起鸣叫，寓意"万蝈来朝"，谐音"万国来朝"。此事真伪难辨，读者姑且玩笑置之。

## 街庙集会，
### 舞龙舞狮怎么能少

　　"庙会"是中国重要的民俗文化活动，所谓"庙"，最初就是指供奉神灵尤其是祖先的建筑。《左传·成公十三年》中说，"国之大事，在祀与戎"，虽然宗教在那时尚未出现，但祭祀天地山川、祖先、神灵等，却是必不可少的活动。到后来道教与佛教兴起，尤其是六朝以后，道观与寺庙如雨后春笋般在中土涌现，庙会的形式也开始变得多样化，后来逐渐演变为一种宗教活动。

　　庙会的名称并不固定，一般视举行庙会的地点而定，如城隍庙庙会、关帝庙庙会等。北京作为清朝的都城，又是统治的中心，是庙会活动十分频繁的地区。清代时，北京的城隍庙庙会十分著名，是一年一度的大型节日，从五月初一至初八，连续举行八天。在此期间，各地的商品都汇集于此，烧香拜神者络绎不绝。

　　除城隍庙庙会外，根据举办的地点不同，北京还有一些经常性的庙市，如东岳庙市和北药王庙市、土地庙市、白塔寺、护国寺、隆福寺等。《北京风俗类征·市肆》引《妙香室丛话》："京师隆福寺，每月九日，百货云集，谓之庙会。"

庙会举行的日期常见于春节、元宵、"龙抬头"等节日，还包括一些宗教里特殊的日子，比如佛祖诞辰日等。实际上，庙会可以说是岁时节日的一种补充形式，它与人们的日常生活密切相关。

到清代的时候，庙会已成为一种非常普遍的活动，从其内涵上讲，既有宗教意义，也是民众的娱乐活动，很多庙会中都设有市集，吸引了非常多的小商小贩，百姓在里面可以进行各种商品交易。实际上，庙会发展到后来，逐渐演变为一种围绕着祭祀而形成的商业及游艺娱乐活动，商业属性大大增强，因此也被称为"庙市"。

在佛教文化中，常见的庙会是"水陆道场"，也叫"水陆法会"。其包含的内容十分广泛，有弘法、布施、祈愿、超度亡魂等多种功用。我国古典四大名著之一《水浒传》中《鲁提辖拳打镇关西》一回曾提道："又只一拳，太阳上正着，却似做了一个全堂水陆的道场：磬儿、钹儿、铙儿，一齐响。"其中磬儿、钹儿、铙儿都是在法会中用到的法器。

在庙会上还会有各种民俗文化的表演，最常见的是舞龙和舞狮。

舞狮是一种民间传统表演，融合舞蹈、武术、音乐等艺术为一体，舞狮一般有两个人，一人舞狮头，另一人舞狮尾，表演者在锣鼓音乐的伴奏下扮成狮子的样子，作出狮子的各种形态动作。舞狮起源于何时尚不确定，唐代著名诗人白居易《西凉伎》诗云："假面胡人假狮子，刻木为头丝作尾。金镀眼睛银贴齿，奋迅毛衣摆双耳。"可见，早在唐代，舞狮的风俗就已经出现了。

　　在传统观念中，舞狮有驱邪避鬼的功效，狮子在古代被认为是一种神兽。中国本身并不产狮子，丝绸之路开通后，狮子才从西亚地区传入中国，但依然是一种很罕见的生物，在古人的心目中极为神秘。

　　舞狮的风俗在南方和北方略有不同，狮子的形象也略有差异。北方的河北省，南方的广东省，都是舞狮文化的中心。在清代，广东省的黄飞鸿，是著名的舞狮高手，其事迹多被改编成影视作品，并受到广大观众的喜爱。

　　除"舞狮"外，"舞龙"也是庙会中常见的娱乐活动。在舞龙时，龙身的体积很大，需要非常多的人共同参与。随着舞龙者的动

清　缂丝《龙舟竞渡图》（局部）

作，龙可以完成升腾跳跃等各种动作，十分具有观赏价值。在今天世界各地的唐人街中，每逢中国节日，仍可以见到舞龙的表演。

在古代，中国人就把"龙"看成能行云布雨、消灾降福的神奇之物。在农业社会，人们一年四季的生产活动受降雨的影响很大。舞龙是来自祭龙的习俗活动，古人认为一年的水旱都与龙、与云有关，在中国各地还建有龙王庙，在春天的祭祀之中，通过舞龙来祈求风调雨顺。

与舞狮一样，舞龙时"龙"的外形，在不同地区差异也很大。常见的有火龙、草龙、毛龙、人龙、布龙、纸龙、花龙、筐龙、段龙、烛龙、醉龙、竹叶龙、荷花龙、板凳龙、扁担龙、滚地龙、七巧龙、大头龙、夜光龙、焰火龙等近百种之多。龙灯的节数一般为七节、九节和十三节。龙的节数越多，需要的表演者也越多。

在今天，庙会除了继承古时的风俗外，随着交通越来越发达，也成为一种旅游活动，很多人为了参加知名的庙会，甚至不惜长途跋涉到千里之外。这种活动目前已经扩大到全世界，只要有华人的地方，就有庙会和舞狮、舞龙，很多外国人也十分喜欢中国的庙会。

# 藏在纸鸢里的
## 二月春风

　　"纸鸢"即现在人们口中所说的风筝。"鹞"及"鸢"都是鹰类猛禽，中国古时南方一般把风筝叫作"纸鹞"，北方把风筝叫作"纸鸢"。早期风筝的造型多为绢或纸做的鹰的形状，风筝放起来后，在远处看，就如同真的鹰在天上飞一样。

　　"风筝"起源于何时尚不确定，有起于春秋战国时期的说法，发明者是被誉为"木工祖师"的鲁班。《墨子·鲁问》载："公输子削竹木为鹊，成而飞之，三日不下。"还有"鲁班削竹为鹊，成而飞云"和"公输般变木鸢，以窥宋城"的记载。风筝在天上飞"三日不下"的说法听起来似乎有些夸张，以今天的技术亦无法实现。从上面的记载中看，风筝早期似乎用于军事用途。

　　还有一种说法，风筝为墨家祖师——墨翟发明，墨翟即我们通常所说的"墨子"，他除了是墨家的创始人外，相传还是鲁班的师傅。他当时用木头做成鸟，可在空中飞行。不过这说法可靠性不高，以当时的技术，把木头制成鸟状飞行于空中，恐怕难以实现。

　　据说，在东汉蔡伦改进造纸术之后，风筝的材质才由绢、布等改为纸制。在宋朝时，放风筝已成为一种普遍的娱乐活动，北宋张择端的名画《清明上河图》中，就有放风筝的场景。关于人们从何时起，把"纸鸢"称为"风筝"，有古书记载："五代李邺于宫中作纸鸢，引线乘风为戏，后于鸢首以竹为笛，使风入竹，声如筝鸣，故名风筝。"然而有的人对这种说法还存在质疑。

　　清代时，风筝的制作工艺已十分完善，这得益于清代造纸技术的进步。明清时期是造纸技术的集大成时期，也是皮纸技术发展的第三个高峰。当时的浙江、江西、安徽是皮纸技术最发达的三个省份。

　　在清朝乾隆到嘉庆时期，放风筝的活动达到顶峰。据《潍县志稿》载："本邑每逢寒食，东门外，沙滩上……板桥横亘，河水

清　王翚　《桃花渔艇图》

初泮，桃李葩吐，杨柳烟合，凌空纸鸢，高入云端。"里面提到的"寒食"，即寒食节，是中国古代的重要节日之一，有两千多年的历史，也是汉族的传统节日中唯一以饮食来命名的节日。寒食在清明前后，正是春季外出踏青、游玩的黄金时节。

到了清末，风筝的制作工艺不止更加完备，甚至还出现了很多以制作风筝闻名的民间艺人，如清末民间画家王福斋就是扎人物风筝的拿手艺人，"雷震子"就是他的得意之作。在此时，风筝的样式已不仅限于鹰和燕子等鸟类形状，有蝙蝠、龙、凤、鲤鱼、蜈蚣、知了等多种形状，还有各类神话传说中的人物，如哪吒、寿星、八仙等。这些风筝的形状并非随意选取，而是带有各种吉祥的寓意。

如蝙蝠的"蝠"与"福"谐音，历来都被作为象征"福"的吉祥图案，在剪纸、窗花、衣物装饰上经常出现。与蝙蝠有关的吉祥图案，其蝙蝠数量一般为多数，寓意"福中有福""五福献寿""五福捧寿""福寿双全""五福齐天"等。

鲤鱼也是吉祥的象征，民间与此有关的词语如"连年有余""吉庆有余""娃娃抱鱼""富贵有余""鲤鱼跃龙门"等，数不胜数，而鲤鱼在风筝中的形状也多与此有关。

除了形状更丰富外，风筝的尾部还有各种装饰，如丝带、飘带等，晚上放风筝的时候在风筝尾巴上还挂有各种灯饰。

清代沈太侔《春明采风志》中，记载人们放风筝时的场景，其中所记载的风筝样式繁多："常行沙燕，一尺以至丈二，折竹结架，作燕飞式，纸糊，绘青蓝色，中按提线三根，大者背着风琴或太平锣鼓，以纮绕，顺风放起，昼系线条，夜系红灯，儿童仰首追逐……三尺以上，花样各别，哪吒闹海、哈哈三圣、两人闹戏、蜈蚣、鲇鱼、蝴蝶、蜻蜓、三阳开泰、喜鹊登枝之类。其最奇者，雕与鹰式，一根提线翔空中，遥睹之，逼真也。"

清代的很多诗作中，也有关于风筝的描写。著名传奇剧《桃花扇》的作者孔尚任就在一首《竹枝词》中写道："结伴儿童裤褶丸，手提线索骂天公。人人夸你春风早，笑我风筝五丈风。"诗人高鼎在其诗作《村居》中曾描写儿童们散学后去放风筝时的情景："草长莺飞二月天，拂堤杨柳醉春烟。儿童散学归来早，忙趁东风放纸鸢。"

放风筝的活动一年四季均可进行，但最适合的还是春季。春季的天气既不像冬天那么冷，也不像夏天那么热，风力不大不小，刚好合适。而春季中，放风筝又以清明前后最盛。宋人周密在《武林旧事》写道："清明时节，人们到郊外放风鸢，日暮方归。"清明去郊外踏青、放风筝的传统也为历朝历代所沿袭，一直流传至今。

有记载说，十三世纪，风筝由意大利人马可·波罗带入欧洲，也有说是在明朝万历年间传入欧洲的，两种说法都存在争议。但放风筝的活动却已在世界各地流行开来，英国博物馆甚至把中国的风筝称之为"中国的第五大发明"。

# 能排遣宫闱

## 寂寞的不止是猫

在我国，饲养宠物的历史可谓十分悠久，早在一万多年前，人们就驯化了狗，在三千多年前又驯化了猫。发展到后来，无论天上飞的、地上跑的、水里游的各种生物，都可以成为人们饲养的对象。

在古代宫廷中，也有饲养宠物的传统。作为富有四海的天子，其饲养的宠物自然非民间可比，除了常见的鹦鹉、鹰、猫、狗、各种鱼类和一些昆虫之外，还有很多罕见的珍稀动物，如大象、国外进贡的狮子、孔雀、仙鹤、梅花鹿等，简直像今天的动物园一样。

历朝历代的帝王中，喜好宠物的也很多。其中还有一些非常著名的故事，比如《史记》中记载周穆王征犬戎："遂征之，得四白狼、四白鹿以归。自是荒服者不至。"周穆王炫耀武力，出征犬戎，结果劳师动众却只得到"四白狼、四白鹿"，还闹得周边少数民族不肯再来朝见。

明朝是历史上封建帝王豢养动物的最鼎盛的时期，京城内建有虎城、象房、豹房、鹁鸽房、鹿场、鹰房等多处饲养动物的场所。但其中最广为人知的，还是明武宗朱厚照的"豹房"。他做了皇帝后，放着好好的皇宫不住，却搬到了皇城西北的豹房里居住。

当然，这些宠物不是一般人养得起的，据记载，三只老虎每天要吃掉十八斤以上的羊肉；就算是体型比较娇小的一只狐狸，每天也要吃掉二斤羊肉。在当时，普通人家日常只能吃些鸡肉，猪肉要过年过节时才吃，羊肉的价格相对比较昂贵，可以算是肉类中的奢侈品了，人尚且吃不起，更何况是宠物呢？

清代虽然没有出过像明武宗那么荒唐的皇帝，但作为一国之君，"普天之下莫非王土"，若是不把各地的珍禽异兽都集于宫中，搞个小型的动物园，又怎能体现出天子的富有四海？因此，清代的宫廷中也喂养了很多供人玩赏的动物，这些动物主要来自各地官员的进献，也有少部分是宫中派人捕购的。每种动物都有专门的机构负责喂养，还有记载各种动物情况的文字档案——养牲底簿。其中记载着各种动物呈进的时间，何人呈进，各种动物每日吃什么，吃多少等。

然而即便如此，这些宫中的动物也未必能得到很好的照顾。电视剧《铁齿铜牙纪晓岚》中就有这样一个情节，宫中的丹顶鹤平日里无精打采，既不鸣叫也不活动，皇帝很诧异，一直都不明白为什么会这样。后来才发现，原来是负责喂养丹顶鹤的下人克扣购买饲料的银子，丹顶鹤长期挨饿，所以才无精打采，结果皇帝大怒，负责照料丹顶鹤的人被严惩。

皇帝和后宫的妃子们还会给自己的宠物起名，故宫博物院现存有彩色绢面的《猫犬名册》，上面记载各种动物的名字。在猫册里，有金豆儿、金橘等20个名字；在犬册里，有墨喜、如意等30个名字。

　　除了那些比较珍贵难得的观赏性动物，作为宠物喂养的，主要有鸟、狗、猫、蟋蟀、蝈蝈、金鱼等。

　　清朝的皇帝对动物各有偏爱，比如雍正帝就对狗情有独钟。

　　据说，雍正帝最喜爱的两只狗，一只取名"造化"，另一只取名"百福"。雍正帝不止给狗穿上"华服"，甚至连狗衣服上纽扣的松紧都要亲自过问。曾谕旨："虎皮衣上掌托不好，着拆去，再狗皮衣上纽袢钉的不结实，着往结实处收拾。"还曾传旨："原先做过的麒麟套头太大，亦甚硬，尔等再将棉花软衬套头做一份，要收小些。"还曾经亲自设计狗笼，雍正皇帝素来以冷酷强硬的形象为众人所知，谁能想到他竟对宠物狗如此细心！

　　乾隆帝与其父一样，也喜欢狗，其特别钟爱的，还有各种鸟类。乾隆四十八年（1783），他直接给云贵总督富纲下旨："滇省素产孔雀，且多驯养者，与其进无用之玉器，莫若进孔雀两对，以

明　朱瞻基　《五狸奴图》（局部）

备御园饲养。"常人眼中那些珍贵的玉器，在乾隆帝眼中反而是"无用之物"，还不如两对孔雀，可见对鸟类喜爱之深！

在后宫的嫔妃中，比较受欢迎的宠物有猫、狗和各种鸟类居多。在鸟类中，又以能模仿各种声音的百灵、八哥、鹦鹉居多。尤其是鹦鹉，其种类多种多样，羽毛色泽艳丽，又会学人说话，是古代著名的观赏鸟类，"美人"与"鹦鹉"是古典女性人物画的常见题材。在大理还有一种茶花，因白色花瓣之上带有一丝红色痕迹，名叫"抓破美人脸"，取的就是美人在逗弄鹦鹉时被其在脸上抓了一道血痕之意。

在清代著名小说《红楼梦》中，贾宝玉为了让人相信自己，曾发誓说："说谎的是那架上的鹦哥。"清代纳兰性德也曾有词云："只应长伴端溪紫，割取秋潮。鹦鹉偷教，方响前头见玉箫。"可见，在当时贵族中，饲养鹦鹉的现象极为普遍，甚至已融入人们的日常生活中。

从明代开始，我国金鱼饲养由池养转向盆养过渡，金鱼的饲养也越来越普遍。盆养不仅能够更近距离地观察金鱼的形态，也大大减少饲养成本。在清代，饲养金鱼已成为一种习俗。养鱼观鱼更是被文人雅士视为陶冶性情之举。有人说过："鱼乃闲静幽雅之物，养之不独清目，兼可清心，观其游泳浮跃，可悟活泼之机，可生澄清之念。"

自古以来，恐怕没有哪种爱好可以像饲养宠物一般，范围广泛而历时长久，到今天依然是人们最主要的爱好之一。苏轼曾在《宝绘堂记》中说道："君子可以寓意于物，而不可留意于物。寓意于物，虽微物足以为乐，虽尤物不足以为病。留意于物，虽微物足以为病，虽尤物不足以为乐。"有爱好是好事，但也要适度，不可过于沉迷！

# 如果在清朝，你可能要
## 先学会打牌

　　"博戏"是一种赌输赢、角胜负的游戏，是中国古老的娱乐方式。经过不断地发展，其形式越来越多样化，其中对后人影响最大的，应该算"叶子戏"了。传闻最早出现于汉代，被认为是扑克、字牌和麻将的鼻祖。

　　"叶子戏"早期的玩法尚不清楚，不过应该属骰子戏的一种。马令的《南唐书》载：五代时，李后主的皇后大周后，在唐代叶子戏的基础上又编撰了《金叶子格》，开创了一种全新的游戏方式。书中提到的"李后主"，就是南唐后主李煜，同时也是我国历史上的著名词人，其作品《如梦令》《虞美人》等均入选过现代语文教材。

　　在宋朝时"叶子戏"又经杨大年改进玩法，一直流传到明代。明人方以智的《通雅》云："叶子格曰鹤格，犹今之纸牌也。"

　　在清代，"叶子戏"依然流行，据传闻，慈禧太后就十分喜欢玩"叶子戏"，常与宫中的妃嫔、公主等游戏，甚至还命宫女、太监等人玩耍。

有传言，清朝流行的另一种游戏"马吊牌"，即是由"叶子戏"发展而来，不过近年又有考证二者玩法差异较大，马吊牌应为纸牌演变过来的。

关于马吊牌的起源，据顾炎武在《日知录》中说："万历之来，太平无事，士大夫无所用心，间有相从赌博者，至天启中，始行马吊之戏。"吴伟业的《绥寇纪略》和张潮在《昭代丛书》中又有不同说法，不过大致可以肯定的是，马吊牌起于明朝。至于其名称的由来，《叶子谱》作者潘之恒是这样说的："谓马四足失一，则不可行。"因此叫"马掉"，后改为"马吊"。需要注意的是，在清朝只有前期才流行马吊牌，从乾隆时期开始，逐渐禁止马吊游戏，只不过"百足之虫死而不僵"，马吊在中国的历史悠久，一时之间难以禁绝。

在清代，流行的还有其他几种纸牌玩法：斗虎、扯张、默和牌、碰和牌等。玩法与马吊牌接近，但更简单，因而在玩家人数上也更灵活。

除以上所述外，还有一些流行于个别地区的纸牌，比如湖北及周边地区流行"花牌"；在四川地区还流行玩"川牌"，相传为三国时诸葛亮所发明；在南通地区还有"长牌"，也叫"笃子胡"或"游胡"；广西桂林地区，流行"大字牌"，又称"桂林字牌"。

而说到中国的牌类游戏，有一种是绝对不能漏掉的，即"麻将"，有些地方也称"麻雀"。其起源尚不清楚，杜亚泉《博史》云"天启马吊牌，虽在清乾隆时尚行，但在明末已受宣和牌及碰和牌之影响，加之东南西北四将，即成为麻将牌"，也有说是郑和下西洋时发明的。徐珂《清稗类钞》中记载："麻雀，马吊之音转也。吴人呼禽类如刁，去音读。"

麻将集益智性、趣味性、博弈性于一体，其玩法五花八门，难以尽述，是中国传统文化宝库中的一个重要组成部分。2017年4月，国际智力运动联盟宣布，麻将继桥牌、国际象棋、围棋、象棋和国际跳棋之后，正式成为第六个世界智力运动项目。

清朝还流行一种叫"骨牌"的游戏，骨牌也叫"宣和牌"，相传为宋徽宗在宣和二年创制，其实就是现代的牌九。《红楼梦》中的贾母就非常爱好玩骨牌，清代梁章钜《浪迹续谈·骨牌草》中说："骨牌之戏，自宋有之……近时天九之戏，见于明潘之恒《续叶子谱》，云近丛睦好事家，变此牌为三十二叶，可执而行，则即今骨牌拣湖之滥觞也。"根据这段记录，当今流行的"推牌九"游戏，即是骨牌游戏中的一种。

在当今世界，广泛流行一种叫"大富豪"的游戏。实际上，早在中国古代，这种玩法就已经存在，叫作"升官图"，据说起源于唐朝。

清 金昆 程志道 福隆安 《冰嬉图》

关于"升官图"的玩法,清代乾隆年间史学家赵翼的《陔余业考》说:"世俗局戏有升官图,开列大小官位于纸上,以明琼掷之,计点数之多寡,以定升降……今升官图一名百官铎,有明一代官制略备,以明琼掷之定迁擢,有赃则降罚,相传为倪鸿宝所造。"可以看出,与今天的"大富豪"已经十分接近了。

"升官图"在清朝究竟有多流行?清初地理学家刘献廷在《广阳杂记》中记载,当年他在衡署过年时,每天都听见人们在大白天就聚在堂中玩升官图,从早到晚,欢笑喧闹,令他大为惊讶,不明白这游戏究竟有何乐趣,人们竟沉迷至此?

在清朝还有一种类似今天"猜硬币"的游戏,叫作"掷钱",也叫"跌成",玩法是把若干枚铜钱抛掷到地面,以其正反面所占比例决定输赢,这种游戏玩法简单,在下层社会中尤其盛行。我们今天猜硬币一般猜"字"还是"花",因为今天的硬币正面印有阿拉伯数字,反面一般印有各种花的图案。在清代,正面有字的也称为"字",而反面则称为"幕"。

在清朝末年,西方的扑克牌传入中国,但彼时尚未流行。一般认为扑克牌起源于法国的塔罗牌,但也有人认为是中国"叶子戏"传到西方后产生的变体。法国的学者莱麦撒也说:"欧洲人最初玩的纸牌,以形状、图式、大小以及数目,皆与中国人所用的相同,或亦为蒙古输入欧洲。"

有趣的是,尽管在清朝有这么多牌类游戏,但清朝刑律是禁止赌博的,甚至可以说,清代是历史上禁赌条例最严格的时代。但讽刺的是,在历朝历代中,清朝却是赌风极盛的时期。

# 令人眼花缭乱的
## 花会

　　花会也称"香会"，实际上就是庙会的一种，将进香、贸易、娱乐融为一体，到后来与庙会可以互相代称。花会的举办通常以寺庙为中心，以村落、街道社区为地域单元组成。北京的花会历史悠久，其花会组织活动，称为"走会"或"过会"。

　　根据工作内容不同，北京地区的花会组织可以分为两类，即文会和武会。"文会"指为花会活动提供各种服务的组织，如茶水饮料等；"武会"是为花会提供才艺表演的组织。这些组织都是由百姓自发组成，人们热衷于此的原因在于：社会组织的核心是家庭组织，人们以走会的方式去表达自己的精神诉求，显示特定群体的存在。

　　花会在全国各地都有举办，其活动虽常见于各种节日，但并不局限于节日，一年四季均可举行。参与花会的虽然多为民间组织，但其管理十分严格，每个行业的花会都有其会首，俗称"把头"，一般均出身富贵之家，在民间有很高的威望。花会之中还有各种会

规，成员必须严格遵守。参加花会所需的服装、道具、准备伙食茶水等费用，均由"把头"开销。

花会游艺时的场景十分热闹，人们从四面八方赶来，聚集到一起，可谓人山人海，彩旗林立，锣鼓喧天，单是来自北京的花会就有中幡会、云车会、少林会、狮子会、太平鼓、老秧歌、走跷、龙灯、狮子会、旱船、竹马、十二相等十数种之多，其强大的号召力可见一斑。

清朝在妙峰山每年会举办两次庙会，一次在春季，一次在秋季。春季举办的庙会称为"春香庙会"，时间为农历四月初一至十五。每年春末的碧霞元君祠（明代时称娘娘庙）开庙，都会吸引附近的百姓前来观看，其场面十分壮观。从德胜门以西，沿途百余里，光是茶棚就设置了十多处，这些茶棚昼夜营业，白天施茶，夜晚施粥，供来往的香客饮用。据清《燕京岁时记》载："妙峰山每属四月，自初一开庙半月，香火极盛，人烟辐辏，车马喧闹，夜间灯火之繁灿如列宿，香火实可甲于天下矣。"

秋季举办的称为"秋香庙会"，时间为农历七月初一至十五。在此期间，各地的香会组织都会来这里展示才艺，香会成为了他们公开表达感情，获取社会地位的文化空间。

对于当时的人来讲，能参与如此规模的庙会为一种荣耀，有规定"未到妙峰山朝顶的花会不为正宗会"，可见其在人们心中的地位！

另外，值得一提的是，在清同治年间，慈禧太后因要去妙峰山进香，其手下太监曾以素云道人名义，出资重修香道。将山道拓宽七尺，选取天然青石板，一层层铺砌，绵延数里，工程量十分浩大。据说每铺一级石阶，造价就是一两白银，因而有"金阶"之名。

到了清末及民国时期，战争频发，妙峰山花会曾一度衰落，二十世纪九十年代后，又再度兴盛，山上的庙宇也得以重修。

不过，妙峰山的碧霞元君祠只是清代香会的冰山一角，清朝时碧霞元君的信仰在民间十分普及，碧霞元君是道教的女神，碧霞元君全称为"东岳泰山天仙玉女碧霞元君"，俗称泰山娘娘。所以，在山东泰山周边的地区，香会亦十分兴盛。

清朝时，在每年的春夏之间，去泰山进香的香客可多达数十万，可见其香火之旺盛。这些进香的香客为朝廷带来了巨大的香税收入。但此事也带来一些负面影响，官府派人在泰山前清点香火钱，对来往的香客进行大肆搜索，如同搜捕盗贼一样。而无力缴纳香税的香客，官府就不允许其进山上香。

乾隆皇帝即位后，听闻此事，曾说："思小民进香祈祷，应听其意，不必收取税银，嗣后香税一项永行蠲除。"至此，泰山的香税钱才彻底废除。这对贫苦的百姓来说，无疑是一件有利的事，从此以后，来泰山进香的香客成倍增长。

今天，花会依然是中国的重要民俗活动，但已扩展到全国各地，形式也更加多样，在新的时代下焕发出全新的生机。

# 曲艺、评书，
## 老百姓的茶余消遣

曲艺是中华民族各种"说唱艺术"的统称，是在民间经过长期发展演变形成的一种独特的艺术形式，根据各地民俗、文化的不同，其形式也多种多样。据不完全统计，至今活跃在中国民间的各族曲艺曲种约有400种。

曲艺在很长一段时期内，并没有固定的形式，其范围既不明确，从事这一行业的人就更无法确定了。比如汉武帝时期的东方朔，似乎也可以归于这一类。当年他向汉武帝进言时，汉武帝始终视为俳优之言，不以采用。

在宋代，商品经济发展，城市繁荣，人们的娱乐活动也更加多样化。曲艺等开始有了固定的表演场所，多为勾栏、瓦舍等。

明清时期，是曲艺迅速发展的时期。尤其是清代，很多今天的曲艺形式就是在清代形成的。

曲艺一般分为"说"和"唱"两种。常说的如相声、评书、评话。听过相声的朋友都知道，相声有四门功课——说、学、逗、唱。评书这种艺术形式，现在的年轻人可能不太了解，但在二十一世纪以前，评书曾大受欢迎。这得益于收音机的普及，但随着科技的进步，收音机已逐渐被淘汰，喜欢评书的朋友仍用MP3等播放器或手机来收听评书。

"唱"这种曲艺的分类就更多了，如京韵大鼓、扬州清曲等；还有说唱结合的，如快板书、太原莲花落等；还有说唱时带音乐伴奏的，如山东琴书、安徽琴书等；以及又说又唱又舞的如二人转、凤阳花鼓等。总之，曲艺的表达方式依赖"说"和"唱"来叙事、抒情，是语言类的艺术，其内容简练且容易记忆。

### 评书

评书又叫"说书"，古时称"说话"，在江南则称为"评话"。早在宋元时期就已经有了"话本"的流行，字面意义上讲就是说书人的底本。我们今天的很多名著亦是起源于话本，比如《三国演义》和《水浒传》。

清朝时评书的表演方式与今天几乎一模一样，其道具十分简单，只有一人一桌一扇一醒目而已，当时评书表演者的服装一般为长衫，在今天评书表演者的服装已开始多样化，有中山装、西装等。清富察敦崇《燕京岁时记·封台》载："戏剧之外，又有托偶（读作吼）、影戏、八角鼓、什不闲、子弟书、杂耍把式、像声、大鼓、评书之类……评书抵掌而谈，别无帮衬。"

### 相声

在今天仍有一种曲艺形式广受欢迎，即相声。与评书不同，网络的崛起并没有让相声没落，反而让其传播得更加迅速。

中国相声一般认为于清咸丰、同治年间形成。相声以"说、学、逗、唱"为主要艺术手段。表演形式有单口、对口、群口三种。

清代的张三禄是见于文字记载最早的相声艺人，在《随缘乐》子弟书中说："学相声好似还魂张三禄，铜骡子于三胜到像活的一样。"

### 京韵大鼓

京韵大鼓也是一种常见的说唱型曲艺形式，流行于河北及其周边地区，形成于清代中叶。不过不同时期叫法不同，比如京东怯大鼓、乐亭调、平谷调大鼓、平谷调等。表演时一人站唱，左手敲板，右手击鼓为节，旁有乐师伴奏。

京韵大鼓主要流行于包括北京、天津在内的华北及东北

清 佚名 冰清玉洁琵琶行

地区，是中国北方说唱音乐中艺术成就较高的曲种。还有一种曲艺形式在今天依然广为人知，即"二人转"，主要流行于东北地区及河北东北部地区。进入二十一世纪后，二人转也由盛转衰，我们今天听到的二人转已经和传统的二人转有很大不同，是商业转型后的结果。

### 苏州评弹

在南方地区，提到广为人知的曲艺，苏州评弹绝对是其中之一。苏州评弹是苏州评话和苏州弹词的总称，是采用吴语徒口讲说表演的传统曲艺说书戏剧形式，表演时通常以说为主，说中夹唱。唱时多用三弦或琵琶伴奏，说时也有采用醒木作为道具唤起观众的注意。

与其他曲艺形式不同的是，苏州评弹在清前中期就已经开始流行。乾隆皇帝就十分喜欢评弹，在南巡时曾专门找艺人去行宫表演，听过之后大为赞赏。到了清朝中后期，弹词的发展更加迅速，还出现了女子弹词，苏州弹词艺人马如飞在开篇《阴盛阳衰》中曾说道："苏州花样年年换，书场都用女先生。"

中国传统曲艺的形式丰富多样，无法在此一一列举。不过，其中的大多数在今天都面临着消失的危机。其中一部分通过转型获得新生，更多的却日趋式微，逐渐被人们淡忘。

# 灯火鼓乐，
## 数不尽的喜乐优雅

在清代，宫廷中已经取消了元宵节举行灯会的传统，但逢年过节时，依然有悬挂宫灯和看灯火戏的习俗。

所谓"宫灯"，又称宫廷花灯，是中国彩灯中富有特色的手工艺品之一，体积一般较大，制作工序烦琐，精美而又华丽。清代时，在皇帝赏赐臣子的物品中，就包含宫灯。《清朝野史大观》中载："定制岁暮时，诸王公大臣，皆有赐予。御前大臣皆赐岁岁平安荷包一、灯盏数对。"

关于宫灯的制作方法，主要是以木材作为骨架，再在周围罩上纱或者玻璃，纱与玻璃上一般还绘有各种图案。在中国古代，玻璃是很稀有的物品，通常由国外传入。在汉朝时由罗马传入的"大秦珠"（当时称罗马及其周边为大秦），即是一种玻璃珠。

宫灯通常为八角、六角、四角造型，但也有些特殊的动植物造型。各面画屏图案内容多为龙凤呈祥、福寿延年、吉祥如意等。在清朝末期，北京宫灯曾在巴拿马博览会上获得金牌。

宫灯按用途和形状不同，可以分为很多种，常见的有以下几种：庆成灯，用来供奉先皇、先后的宫灯；栏杆灯，清宫里放在石栏杆上的宫灯；球灯，一般被挂在皇宫建筑的屋檐、回廊或门外等处；葫芦灯，葫芦谐音"福禄"，长久以来被人们视为寓意吉祥的瓜果，葫芦灯经常在年节时被挂在宫中；鱼灯，"鱼"和"余"同音，因此人们将鱼视为吉祥的象征，鱼灯挂在宫中，有年年有余之意。

"灯戏"指的是皇帝本人邀请后宫嫔妃、皇亲贵胄、大臣使臣们一同参加的一场大型户外舞灯表演。由表演者手持彩灯，按照既定的曲目做出各种动作，各种颜色的彩灯上下飞舞，看起来五彩缤纷，十分赏心悦目。朝鲜使臣朴趾源曾在乾隆年间观赏过灯戏表演，他在《热河日记》中记述了当时的场面："又有千余美貌男子，无髭须，衣锦袍，戴绣帻（头巾），各持丁字杖，两头皆悬小

清　佚名　《庙会图》（局部）

红灯，进退回旋，作军阵状。"

火戏就是放烟火，类似今天过年时燃放的烟花爆竹。地点一般选在比较宽阔的场地，如南苑、西苑、圆明园等。清朝的火戏比以往更加好看，花样繁多，这得益于火药技术的进步。清代诗人赵翼曾至御园观赏火戏，他描写道："清晨先于圆明园宫门列烟火数十架，药线徐引燃，成界画栏杆五色。每架将完，中复烧出宝塔楼阁之类，并有笼鸽及喜鹊数十在盒中乘火飞出者。"

清代皇帝非常喜欢灯火戏，连一向节俭的道光帝也不例外。在多个皇帝的诗作中都描写过灯火戏的场景，如康熙皇帝《灯节戏作》道："隐隐风光度柳条，千寻银箭列丹霄。龙衔火树开花看，欲见山青待雪消。"道光皇帝《上元灯词八首》第四首："万柄金莲千树锦，输他烂漫赤城霞。"

在民间的灯火表演中，流行一种花灯戏，俗称灯夹戏、花戏，多见于南方地区。这种表演以其简单的艺术形式，通俗易懂，贴近生活，深受百姓的喜爱。清康熙时的《平越直隶州志》中记载："城市弱男童崀饰为女子装，群手提花篮灯，假为采茶女，以灯作茶筐，每至一处，辄绕庭而唱《十二月采茶》之歌。"

清代人热衷听戏，每到重大节日或喜庆活动时，都会搭戏台，请戏班来唱戏。比如，康熙帝大寿时，就曾搭建20多座戏台，各地的戏班在此汇聚一堂，同时上演各种不同的戏曲。这一习俗在民间亦十分盛行，有些大户人家摆的戏台甚至可以连唱数天。

中国的戏曲源于歌舞，经过历代的发展，融合了文学、音乐、舞蹈、美术、武术、杂技以及各种表演艺术，种类繁多。到了元代，"杂剧"在宋金时期的基础上大大发展，标志着中国戏剧进入成熟的阶段。这时出现了很多著名戏剧，如关汉卿的《窦娥冤》、马致远的《汉宫秋》等作品。

明代戏曲在"南戏"的基础上，经过文人的加工和提高，出现了明代传奇的形式。其中成就最大的是汤显祖，其代表作是《牡丹亭》。

到了清代，戏曲有了更长足的发展，这种发展一直延续到今天，逐渐形成了多达360多种的戏剧种类，其中有五大核心戏曲，即：京剧（有"国剧"之称）、越剧（有"中国第二大剧种""第二国剧"之称）、黄梅戏、评剧和豫剧。

我们今天看清代的电视剧时，凡是涉及听戏的情节，其中的表演一般都是京剧，但历史上的实际情况却并非如此。京剧是在清朝中后期才开始流行起来的，清代宫中早期的戏剧以昆曲、秦腔、徽调、弋阳腔为主。清朝宫廷中的皇族大多喜欢听戏，从皇帝、太后、到妃嫔、皇子等均如此。为了方便观戏，紫禁城中的宁寿宫、重华宫、长春宫、漱芳斋等处，建有大中小戏台10余座，其中以宁寿宫中的畅音阁戏台最大，台高三层，最上层设有绳索机关，可自由移动。

清朝宫廷中的内务府下还设置有升平署，专门负责掌理承应宫廷奏乐及演戏事务。不止宫廷中，清代的豪门贵族大多养有自家的戏班，在曹雪芹的小说《红楼梦》中，贾府就曾因为元妃省亲而从苏州买来一个戏班，其中有十二个女孩合称"红楼十二官"。

作为历代的传统，宫灯、焰火、戏曲等，在今天依然深受人们的喜爱，其传播的范围也逐渐扩大到海外，成为中国文化的一种代表，在春晚的舞台上，戏曲更是每年必不可少的节目之一。

# 剪纸、年画，古拙

## 物件里的雅俗共赏

### 剪纸

剪纸，又称"刻纸"，是一种用剪刀或刻刀在纸上剪刻花纹，用于装饰的一种镂空艺术，是我国的传统民间艺术。

关于剪纸的起源，有人认为可以追溯到《史记》中西周初期，周成王用梧桐叶剪成"圭"赐其弟的记载。还有人认为可以追溯到南北朝时期的一种装饰品——花黄。在南北朝时期的民歌《木兰辞》中就有"对镜贴花黄"的诗句，"花黄"是一种女性贴在面部的装饰品，材质很多，形状各异，当然也有纸制。剪纸的起源可以追溯到"花黄"，这种观点似乎也不大妥当。虽然近代曾出土过北朝时期的剪纸证据，然而其与"花黄"有何关系呢？倒不如说，"花黄"反而是剪纸工艺在化妆领域的延伸。

以上两种起源的观点中，虽然两者都与剪纸的工艺相似，作用也相近，然而最大的问题在于，没有任何证据显示剪纸的诞生与前两者有直接或间接的关系，两种看法都太过主观，忽视了双方并不存在继承性的事实。

在唐宋时期，剪纸就已成为一种十分普及的工艺，在宋朝时剪纸甚至已经成为一种职业。《志雅堂诗杂钞》中写有："旧都天衔，有剪诸色花样者，极精妙。又中原有余承志者，每剪诸家书字，毕专门。其后有少年能于衣袖中剪字及花朵之类，极精工。"

在明、清两代，剪纸的工艺进一步发展，并达到大成。剪纸的用途大致可以分为四类：张贴用、摆衬用、刺绣底样、印染用。由这四种用途衍生出来的物品都比较常见，比如常见的窗花，婚嫁贴在各种物品上的"囍"字，还有祝寿时在糕饼、鸡蛋等礼品上贴的"寿"字，用于祭祖祀神等民俗活动时作装饰用的斗香花等。

剪纸的工艺精美，善于把多种物象组合在一起，并产生出理想中的美好结果。剪纸的内容通常都是人们熟悉的人物、动物、景物。人们通过剪纸描绘自己熟悉而热爱的自然景物，如鱼虫鸟兽、花草树木、亭桥风景。

不过，无论剪纸艺术的哪个种类，一般都具有祈福消灾或装饰美化的意义和功用。其题材范围则涉及历史、戏曲、神话以及现实生活中的各种人物故事和场景、祥花瑞草、神禽异兽，甚至各体汉字等，包含的内容十分广泛。

清明时分，人们会剪制"佛朵花"和纸钱，以寄托对逝者的哀思。端午节时，各家多剪贴"五毒"，以驱邪避疫，希图安康吉祥。乞巧节时，姑娘媳妇们会剪"牛郎织女"等题材的花样子，以别心灵手巧；八月中秋节时，"玉兔捣药""嫦娥奔月"是剪纸的热门题材；九月重阳节时，人们多剪重阳旗，寓意家人"步步登高"。

清 挂毯 《郭子仪祝寿图》

清 蒋廷锡 《鹁鸽谱》

江苏省江阴市还曾出土过一柄竹骨折扇，中间夹有剪纸一幅。剪纸图案为喜鹊栖于梅枝上，花枝分左右展开，取义为"喜上眉梢"或"梅鹊报春"。

## 年画

年画是中国画的一种，但与其他绘画不同，它的用途较特殊，一般在新年时张贴，含有驱邪、喜庆、祝福之意，是一种民间艺术，起源于古时的"门神画"。早期年画中的人物形象一般为古代名将或民间传说中能驱邪避鬼的神话人物，常见的有神荼、郁垒，再到后来的关羽、赵云、尉迟恭、秦叔宝等武将和钟馗、天师、东方朔等神仙。

有趣的是，东方朔不知为何会被视为神仙而出现于年画中，其人行为荒诞放肆，似乎与驱邪或吉祥都难以联系到一起。

年画起源于汉代，发展于唐宋，盛行于明清。但实际上，直到清光绪年间，"年画"这一名称才正式确定下来。

在宋朝时，年画在题材上丰富了许多，风俗、戏曲、美人、娃娃等题材相继出现。到了明清时期，传奇与小说的流行，让年画中出现了大量以历史故事、神话传说、戏曲人物、演义小说等为主要内容的作品，不论哪种题材，大多通过隐喻、象征或谐音等手法表示吉利祥瑞的意义和向往美好生活的愿望。

年画的种类，大致可以分为以下几种：门神类、吉庆类、风情类、戏出类、符像类和杂画类。在国内，还出现了很多知名的年画产地，以天津杨柳青、河南开封朱仙镇、江苏苏州桃花坞、山东潍坊杨家埠为主要代表。

到了清末及民国时期，西方殖民者入侵，时局动荡不安，年画有所衰落。但也出现了一些新的题材，比如反抗侵略、提倡爱国、描绘新事物等。抗战时期，在解放区出现了以民间年画的形式表现革命内容的新年画。在新中国成立后，年画打破了旧有观念，增加了新的艺术表现形式，重新焕发出勃勃生机。

## 附录1　清朝纪元表

| 中国历代纪元 | 谥号/庙号（姓名） | 生卒年 | 在位时间 | 在位时长（年） | 评价高的时期 | 重要事件 |
|---|---|---|---|---|---|---|
| 清（1616~1911） | 清太祖（爱新觉罗·努尔哈赤） | 1559~1626 | 天命（1616~1626） | 11 | | |
| | 清太宗（爱新觉罗·皇太极） | 1592~1643 | 天聪（1627~1636）、崇德（1636~1643） | 18 | | 建立清朝 |
| | 清世祖（爱新觉罗·福临） | 1638~1661 | 顺治（1644~1661） | 18 | | |
| | 清圣祖（爱新觉罗·玄烨） | 1654~1722 | 康熙 1661年即位（1662~1722），中国历史上在位时间最长的皇帝 | 61 | 康雍乾盛世 | 平定三藩之乱、统一台湾、沙俄战争签订《尼布楚条约》、三征噶尔丹 |
| | 清世宗（爱新觉罗·胤禛） | 1678~1735 | 雍正 1722年即位（1723~1735） | 13 | 康雍乾盛世 | 文字狱、理学思想、推广官话、禁天主教 |
| | 清高宗（爱新觉罗·弘历） | 1711~1799 | 乾隆 1735年即位（1736~1796），中国历史上最长寿的皇帝 | 60 | 康雍乾盛世 | 大小金川之役、清缅战争、编纂《四库全书》 |
| | 清仁宗（爱新觉罗·颙琰） | 1760~1820 | 嘉庆 1795年即位（1796~1820） | 25 | | |
| | 清宣宗（爱新觉罗·旻宁） | 1782~1850 | 道光 1820年即位（1821~1850） | 30 | | |
| | 清文宗（爱新觉罗·奕詝） | 1831~1861 | 咸丰 1850年即位（1851~1861） | 11 | | 第一次鸦片战争、第二次鸦片战争、太平天国运动、庚申之变、辛酉政变、洋务运动 |

续表

| 中国历代纪元 | 谥号/庙号（姓名） | 生卒年 | 在位时间 | 在位时长（年） | 评价高的时期 | 重要事件 |
|---|---|---|---|---|---|---|
| 清（1616~1911） | 清穆宗（爱新觉罗·载淳） | 1856~1875 | 1861 年即位，同治（1862~1875） | 13 | | |
| | 清德宗（爱新觉罗·载湉） | 1871~1908 | 1875 年即位，光绪（1875~1908） | 34 | | 收复新疆、中法战争、甲午战争、签订《马关条约》、公车上书、戊戌变法、义和团运动 |
| | 爱新觉罗·溥仪 | 1906~1967 | 1908 年即位，宣统（1909~1911）；1917 年复辟 12 天；1924 年 11 月被废除溥号。 | 3 | | |

# 附录2 清朝科技文化成就一览

## 食

《随园食单》，古代中国烹饪著作，清代重要的中国饮食名著，作者为清代文学家袁枚。身为乾隆才子、诗坛盟主，袁枚一生著述颇丰；作为一位美食家，他所著的《随园食单》是其四十年美食实践的产物，以文言随笔的形式，细腻地描摹了乾隆年间江浙地区的饮食状况与烹饪技术，用大量的篇幅详细记述了中国14世纪至18世纪流行的326种南北菜肴饭点，也介绍了当时的美酒名茶。

## 住

三山五园是北京西郊一带皇家行宫苑囿的总称，包括香山静宜园、玉泉山静明园、万寿山清漪园、圆明园、畅春园五座大型皇家园林，是从康熙朝至乾隆朝陆续修建起来的。此外，在三山五园之间尚穿插了贵族大臣赐园二十余座，丰富充实了这片规模巨大的风景园林区。由于地形差异，各园皆有特异的园林形态，有人工山水园、天然山水园，也有天然山地园，基本汇集了传统园林的各类创作及各种园林构思。

## 工

1683年，黄履庄发明"验燥湿器"，可以说是湿度计的前身。据记载，黄履庄发明的"验燥湿器"，"内有一针，能左右旋，燥则左旋，湿则右旋，毫发不爽，并可预证阴晴。"他利用了弦线吸湿伸缩原理，这在当时可是世界首创。

黄履庄发明了"瑞光镜"，最大的直径有五六尺，利用的是凹面铜镜反射平行光的原理。大的凹面铜镜能容纳更多的光源，从而提高光源强度，起到探照灯的作用。根据记载，"瑞光镜"照到人身上，可以使人"遍体升温"。

康熙年间，曾组织人力对全国进行大地测量，经过三十余年的测绘，绘制成了《皇舆全览图》。这部地图"不但是亚洲当时所有的地图中最好的一幅，而且比当时所有的欧洲地图都更好、更精确"。

## 学

明末清初是中国历史上思想文化最活跃、最繁荣的时期之一，出现了以黄宗羲、顾炎武、王夫之、颜元等为代表的许多杰出学者（明末思想家）。黄宗羲、唐甄在反对封建专制主义的道路上走在最前列，他们所著《明夷待访录》（1663）、《潜书》（1705），论证了专制君权的起源和实质，揭露了历代专制帝王的昏淫残暴，并希望通过学校议政，加强法治或实行地方分权来限制君主的专制权力。

## 乐

《新定九宫大成南北词宫谱》，由庄亲王允禄命乐工合作编辑而成。此书上溯唐宋，下迄明清，记录北套曲185套，南北合套36套。单体曲牌有南曲1513曲，北曲581曲，共2094曲。加上各种变体曲2372个，共有4466曲。这些曲牌内容包括唐宋诗词、大曲、南戏、杂剧、金元诸宫调、元明散曲、明清传奇等。书中详举各种体式，分别正字、衬字，标明工尺、板眼、句读、韵格。本书包含千余年的历史文化遗产，是研究南北曲的重要资料。

# 后　记

　　"东风不与周郎便，铜雀春深锁二乔。"杜牧调侃赤壁之战，表达物是人非的沧桑。那现在的人调侃历史是因为什么？

　　《步步惊心》有一个耐人寻味的情节：穿越到清朝的女主在给八阿哥出主意时，让他留心四阿哥胤禛府上的邬思道，因为此人为四阿哥最终登上宝座的关键法宝，这显然是女主受历史剧《雍正王朝》影响的缘故。

　　把虚构的历史当真实，乃至把错误的历史看成真相，似乎是一种常见的现象，历史成了任人打扮的小姑娘。很多人尤其青少年容易被自己喜欢的历史剧、历史读物误导：穿越剧流行的时候，有的孩子甚至认为车祸等事故真能制造"穿越"机会；写后宫戏的网文总在写，"穿越"过去后即便不是公主贵族，也会过着白富美或高富帅的生活……

　　喜欢"穿越"的读者，应该渴望看到不一样的风景，领略不一样的文化，体验不一样的人生。可惜在绝大多数的"穿越"剧中，这类体验都被简化为经不起历史验证的服装道具化妆等背景；而在大部分类似的网文小说中，这类体验都被统一为杜撰历史的意淫故事。

　　有鉴于此，我想通过策划一套专门的丛书来纠纠这样的风气。但讲述真实尤其是普通人的历史会有人关心吗？毕竟《三国演义》的知名度和热销度都远胜于《三国志》。做既真实又能吸引读者的历史读物，要从什么角度入手呢？从本科到博士的专业背景以及多年从事文史书籍出版的工作经验都让我在不断思考：曾经灿烂辉煌的中华文明到底是什么样子？那些惊艳了千百年的历史文物能告诉我们吗？为什么我们现在需要而且能够拥有文化自信？

对每个中国读者而言，从诗经楚辞汉赋、唐诗宋词元曲、明清小说小品文中，一定感受到了历史的生命诗意；从老庄道学、孔孟儒学、魏晋玄学、隋唐佛学、宋明理学中，一定理解到了历史的思想智慧。或许还远不止于此，还有闻名遐迩的四大发明，浩如烟海的二十五史……而那些真实存在过、教科书却来不及讲述，如珍珠般遗失散落于典籍史海的古人日常生活，往往被弃之不顾或视而不见，但实际上正是这些珍珠串起了中华民族绚烂璀璨的日常生活文明史。

从日常生活的角度切入中国古代历史，这是本丛书选择的角度，也是体现普通人的历史视角。

不论时代如何变化，人们的日常生活无非是：衣、食、住、行、工（作）、学（习）、礼（仪）、（娱）乐，丛书即从这八个方面着手展开。概括一点来说，历史上古人的穿衣吃饭居住出行，展示的是不断进步的科技文明。当然工学礼乐也会跟科技相关，如医学工作的逐步细分体现了技术的不断进步，礼仪增加的仪式可能跟天文历法的新发现有关，娱乐活动的不断丰富是由新发明带动的。而它们更多地反映了延续千年的文化文明，虽然各朝代会有所区别，但更具有共性，中华民族正是依靠强大的文化惯性自强不息。

归纳起来，一部中国古代日常生活史，也是一部中华民族的古代科技文化史。

而这样的历史，在中小学生的课本里边，由于篇幅有限是无法展开描述的；即便走入大学阶段，如果不是专门学习历史专业，也难以接触到。因此我们把丛书定为："课本来不及告诉你的古代史"。

当然，相对于琐碎的日常生活，衣食住行工学礼乐还不足以概括全部，因此在具体组稿中，我们对内容进行了相近归类，例如把化妆归类到衣饰类，把一些特殊技艺归类到工作类。

丛书根据隋唐、两宋、元、明、清等历史时段，分五卷来呈现中国古代千余年的科技文化史。我们可以从"九天阊阖开宫殿，万国衣冠拜冕琉"领略盛唐气象，体验隋唐人的灿烂时光；从"烟柳画桥，风帘翠幕，参差十万人家……市列珠玑，户盈罗绮，竞豪奢"想象大宋风华，感受宋朝人的风雅岁月；从"定乾坤万国来降。谷丰登，民安乐，鼓腹讴唱"慨叹大元一统，体会元朝人的别样年华；从"三代八朝之古董，蛮夷闽貊之珍异，皆集焉……凡胭脂簪珥、牙尺剪刀，以至经典木鱼、伢儿嬉具之类，无不集"观看大明王朝之丰茂，走进明朝人的情调生活；从"座上珠玑昭日月，堂前黼黻焕烟霞"一窥大清朝的盛世韶华——虽是强弩之末却也集锦绣之最——一探清朝人的精致世界。

需要说明的是，在漫漫历史长河中，每个朝代都经历了兴衰荣辱。暂且把"衰"与"辱"留给史学家们去深沉思索，在这里，让我们感受每个王朝大一统后的繁华岁月，毕竟这些岁月里处处闪烁着科技文化之光，埋藏着我们至今仍引以为傲的宝贵财富。

为了准确和较为全面地呈现这段科技文化历史，我们延请的作者都是上述朝代历史的深耕细作者，也是历史文化普及者，尤其是考古专业出身的李云河老师等。他们通过一手发掘、鲜为人知的文物考古资料，别开生面地呈现那时那地那景，带你走进一个看似熟悉却又陌生的古代世界。丛书主编徐德亮先生，近些年一直身体力行进行传统文化的普及工作，以北大中文古典文献专业出身的深厚功底，对该书的内容进行了统筹和校正。另外，中国人民大学历史学院魏坚教授等老师，于柏川、杨宁波、武彤、兰博、曾天华等五位博士为本丛书内容的审定提供了专业帮助。特别感谢科技史专家戴吾三先生拨冗全力细心修订各卷"科技文化成就"部分，还有中央民族大学付爱民等老师、特邀编辑朱露茜等也为本丛书的出版做出了贡献。在此一并感谢！

我带领编辑团队成员——胡明、张强反复打磨稿件：为了确保稿件的原创性，我们采用最权威的论文查重系统对稿件进行检测；为统一讲故事的风格，针对五六位不同作者的差异表达，我们先后统稿三次；为了匹配与内容对应的精美插图，我们对图片进行了精挑细选；为了一个章节名，为了一句话的严谨表达……我们精益求精，前后用了一年多的时间完善策划、打磨稿件，只为了给读者带来非凡的视觉审美享受。为了加深读者对古人日常生活的体验感，我们还特地与西瓜视频的up主合作，在有的内容篇章加入短视频，增进身临其境之感。

除此之外，为了增进青少年对历史知识尤其是我国古代科技文化成就的了解，增强文化自信，我们在每卷后附加了两个材料：一是每个朝代纪元表，包括帝王名讳、生卒年、年号、主要历史贡献等；二是每个朝代的科技文化成就集锦以及向国外的传播史。希望青少年以此为基点，燃起科技与文化强国的兴趣和雄心！

从策划者的角度出发，我希望这套丛书不只是青少年会喜欢，父母和孩子也可以体验亲子阅读，共同感受我国科技文化之强之美。

习近平总书记在党的十九大报告中指出："文化是一个国家、一个民族的灵魂。文化兴国运兴，文化强民族强。没有高度的文化自信，没有文化的繁荣兴盛，就没有中华民族伟大复兴。"

"吴宫花草埋幽径，晋代衣冠成古丘。"虽然唐宗宋祖、一代天骄的风流已被风吹雨打去，支撑帝王将相丰功伟业的无数民众业已湮没无闻，但是他们创造的历史文化，发明的科技神奇，却深深地融入了中华现代文明的血脉，化作我们继续前行的动力，生生不息！

策划人：李满意

2021年6月1日